제이슨의 좋아죽방 인테리어

제이쓴의 5만 원 자취방 인테리어
ⓒ 제이쓴 2014

초판 1쇄   2014년 10월 13일
초판 7쇄   2021년 5월 6일

지은이   제이쓴

출판책임	박성규	펴낸이	이정원
편집주간	선우미정	펴낸곳	도서출판 들녘
편집	이동하·이수연·김혜민	등록일자	1987년 12월 12일
디자인	한채린·김정호	등록번호	10-156
마케팅	전병우	주소	경기도 파주시 회동길 198
경영지원	김은주·장경선	전화	031-955-7374 (대표)
제작관리	구법모		031-955-7376 (편집)
물류관리	엄철용	팩스	031-955-7393
		이메일	dulnyouk@dulnyouk.co.kr
		홈페이지	www.dulnyouk.co.kr

ISBN   978-89-7527-008-6 (13590)

값은 뒤표지에 있습니다. 잘못된 책은 구입하신 곳에서 바꿔드립니다.

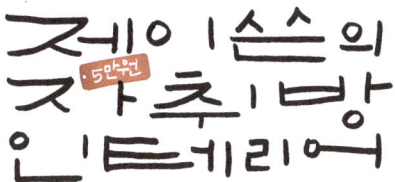

제이쓴 지음

들녘

들어가는 글

싱글족의, 싱글족에 의한,
싱글족을 위한 '리얼' 인테리어

2013년 1월, 현재 살고 있는 집에 처음으로 발을 들여놓으며 저는 세상에 둘도 없는 나만의 자취방을 만들어보자는 엄청난 야망을 품었습니다.

온전히 나만의 취향이 반영된, 나만의 공간! 제이쓴의, 제이쓴에 의한, 제이쓴을 위한 자취방!

20대 중후반의 저와 비슷한 또래를 포함해서 처음으로 거주공간에 대한 독립을 성취한 10대 후반에서 30대 초반까지의 청춘이라면 '프라이버시'한 공간에 대한 갈망이 얼마나 소중한지 아실 거예요! 태어나서 인테리어는 둘째치고 방 청소만이라도 제대로 하고 살자는 다짐이나 하는 '상남자'인 제가 자기만의 방을 만들기 위해 인터넷을 뒤지고 서점을 들락날락하기 시작했습니다. 하지만 아무리 인터넷을 몇날 며칠 뒤져보아도, 서울에서 엄청 크다는 서점을 여러 곳 둘러보아도 저 같은 '인테리어 문외한'을 위한 자료라든지, 꿈과 지갑의 타협점을 제시하는 인테리어 자료는 눈을 씻어도 찾아볼 수 없더란 말입니다!(혹은 제 눈에만 안 보이는 것인지, 근데 저는 시력 양쪽 모두 1.5인데 말이죠!)

서점에는 나만의 인테리어를 향한 로망에 기름을 부을 정도로 번쩍번쩍하고 아름다운 책들이 넘쳐났지요. 하지만 "억!", "헐!", "핥!" 하는 소리가 날 만큼 멋지게 꾸며놓은 인테리어 서적들은 조그마한 거실을 꾸미는 데 필요한 조명이며 바닥재가 몇 백만 원은 기본, 많게는 몇 천만 원까지 된다는 것을 친절하게 소개하고 있었습니다. 제 꿈이 사뿐히 즈려밟힌 것은 두말할 필요도 없지요. 세상에나, 마상에나! 월세와 전세를 전전긍긍하는 나 같은 가난한 자취생은 눈요기나 하라는 건지!

그때부터 마치 무엇엔가 홀린 것처럼 제이쓴의 블로그 '좌충우돌 싱글라이프'를 시작했습니다. '인테리어라는 것이 돈이 많아야 가능한 걸까?' 하는, 브랜드와 돈 권하는 기존 인테리어 서적에 대한 반감과 함께 '지금 가장 필요한 인테리어를 실현하는 데 나만의 아이디어가 있으면 비용을 어디까지 줄일 수 있을까?' 하는 호기심에서 도전했습니다. '인테리어'의 '인' 자도 모르는 상태에서 벽에 페인트를 바르고, 그러다 벽지가 찢어져 난생처음 도배란 걸 해보기도 했습니다. 이런저런 시행착오를 거쳐 자취방을 홈카페로 만드는 방법은 물론 카센터의 창고를 그럴듯한 휴게실로 바꿀 수 있는 아이디어와 방법까지 만든 지금, 제 블로그의 구독자는 6천 명을 넘어섰습니다. 그만큼 저처럼 자신만의 공간을 꾸미고 싶은 청춘들과 1인 가구의 갈망이 엄청나다는 증거겠죠? 무척이나 반가웠습니다.

처음에는 블로그에 제가 도전해보는 '셀프인테리어'에 대한 글을 올리며 정보도 나누고, 찾아오는 분들의 질문에 답변을 해주었습니다. 그러다가 어느 날, '나처럼 저렴한 비용으로 자기만의 최적화된 공간을 꾸미고 싶어하는 사람들을 도와주면 어떨까?' 하는 생각으로 일명 '오지랖프로젝트'를 가동하게 되었습니다. 제가 처음 인테리어에 관심을 갖고 시작하던 무렵이 떠오르더라고요. 아무것도 모르던 그 때, 옆에서 누군가가 함께 구상하고, 필요한 재료도 같이 살 수 있었으면 얼마나 좋았을까 하는 생각이 들면서 동병상련의 마음이 들었습니다. 순수한 마음에서 시작한 것이니만큼 사례비는 따윈 절대 안 받았습니다. 이웃 블로거 분들의 관심과 응원, 폭발적인 반응 덕에 오지랖프로젝트를 진행한 지도 어느덧 1년이 넘었습니다.

이 책은 오지랖 프로젝트를 수행하면서 이루어낸 '저비용 고효율', 극강의 인테리어 비법을 담았습니다. 대한민국의 도시에서 전월세 방에 기거하고 있지만, 꿈과 낭만은 버릴 수 없는 청춘의 지갑두께와 눈높이를 감안한 인테리어입니다. 때문에 이 책은 반지하에서부터 옥탑방까지 다양한 공간을 동네 전파사, 철물점, 생활용품점, 대형마트 등에서 구할 수 있는 재료로 꾸밀 수 있는 방법을 소개하는 '초초초현실적인' 인테리어를 지향합니다.

단 이러한 인테리어를 실현하기 위해는 두 가지 조건을 충족해야 합니다!(긴장하세요!) 하나, 돌고래보다 아이큐가 높을 것. 둘, 지갑 혹은 통장에서 (인테리어작업 1회당 평균) 5만 원 정도의 거금을 지출할 수 있는 경제적 여유. 이 두 가지 조건을 충족하는 싱글족은 저와 함께 지금 인테리어를 시작합시다!

  이 책에서 저는 장판 깔기와 방문 페인팅과 같은 기본적인 인테리어에서부터 조명등, 스위치 같은 디테일한 재료를 바꿔줘도 자취방에 얼마나 감성이 돋을 수 있는지, 또한 좁은 주방 공간이 넓어 보이는 연출법과 자취생 누구나 신경이 쓰이지만 쉽사리 손을 대지 못하는 화장실의 대변신을 보여드리고자 합니다. 앞부분에서 개별적인 공간에 대한 인테리어 방법을 살펴보고, 뒷부분은 '개별 인테리어의 총합'이자 '인테리어 실전'이라 할 수 있는 작은 방 인테리어 방법과 자취방을 홈카페와 북카페로 꾸밀 수 있는 방법에 대해 알려드리겠습니다.

  끝으로 아직도 오지랖프로젝트를 통해 아들이 낯선 사람의 집을 찾아가며 인테리어를 도와주는지 꿈에도 모르고, 책을 낸다고 했더니 "네가 무슨 책이냐!"며 등짝을 강타해주신, 늘 고마운 우리 엄마, 아빠 그리고 누나에게 이 책을 바칩니다.

2014년 늦가을
아늑한 자취방 홈카페에서
제이쓴

차례

들어가는 글_싱글족의, 싱글족에 의한, 싱글족을 위한 '리얼' 인테리어 5

'기본'만 바꿔줘도 자취방 분위기가 달라진다

방문 페인팅 (다세대주택, 8평)
자취방의 얼굴, 방문만 받쳐줘도 살 만하지 아니한가! 13

장판 깔기 (빌라, 2.5평)
자취방 인테리어의 시작, 장판 깔기 25

커튼, 블라인드 달기 (신축빌라, 8평)
못질 하지 않고 프라이버시한 공간 만들기 37

디지털도어락 (복도식 아파트, 10평)
이사할 때마다 돈 먹는 디지털도어락 설치하기 49

제이쓴의 싱기방기 자취꿀팁1: 주거공간 58

감성 돋는 자취방을 만드는 디테일 인테리어

스위치, 콘센트 교체 (복도식 아파트, 10평)
디테일에 강한 인테리어가 진짜 인테리어! 63

조명등 교체 (빌라 반지하, 11평)
인테리어의 90%는 '조명빨'이 맞습니다! 77

선반 달기 (복도식 아파트, 10평)
6만 원으로 자취방에 품격을 불어넣다 89

제이쓴의 싱기방기 자취꿀팁2: 세탁과 패션 100

좁은 주방공간을 넓고, 개성 있게 연출하기

싱크대 인테리어 (복도식 아파트, 10평)
좁은 주방공간을 한층 넓어 보이게 하는 '모던 화이트' 105

냉장고 리폼 (원룸빌라, 12평)
5년 묵은 누리끼리 냉장고, 영국풍 감성을 온몸에 두르다 119

제이쓴의 싱기방기 자취꿀팁3: 주방정리와 음식관리 128

자취방 화장실, 홍대카페 화장실로 만들기

화장실 바꾸기01 (빌라, 11평)
자취방에 홍대카페 화장실이 생겼어요!   133

화장실 바꾸기02 (빌라 반지하, 11평)
모던 인테리어의 은총이 강림한 반지하 화장실   147

제이쓴의 싱기방기 자취꿀팁4: **화장실과 욕실**   160

'제이쓴'표 자취방 인테리어의 모든 것

작은방 인테리어01 (오피스텔, 18평)
투톤 컬러로 눈물 나게 아늑한 내 공간 만들기   165

작은방 인테리어02 (빌라 반지하, 11평/ 오피스텔, 18평)
'컨셉+컬러+가구'만 정하면 자취방 인테리어의 90%가 완성   177

작은방 인테리어03 (원룸, 8평)
소녀의 순수함과 숙녀의 감성을 일깨운 파스텔톤 자취방   193

제이쓴의 싱기방기 자취꿀팁5: **일상생활01**   204

카페로 변한 자취방

홈카페 만들기 (빌라, 8평)
세상에 둘도 없는, 홈카페 자취방!   209

북카페 만들기 (빌라, 2.5평)
책 보고, 음악 듣고, 글 쓰고, 사색하는 '감성 자취방'의 탄생   221

빈티지조명 (빌라, 8평)
아늑한 불빛을 완성하는, 만 원의 행복!   239

제이쓴의 싱기방기 자취꿀팁6: **일상생활02**   246

'제이쏜의 자취방 인테리어'에 필요한 기본 장비는 아래와 같습니다. 인테리어뿐 아니라 집수리나 생활용품 정비에 필요한 장비이기 때문에 본문에서는 비용에 넣지 않았음을 미리 밝힙니다.

- 밝히는 제이쏜 -

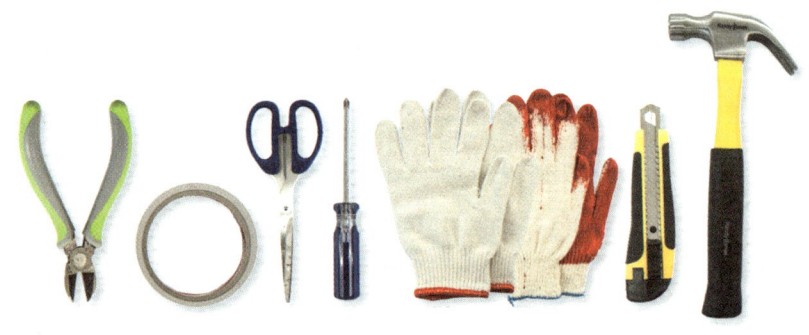

'기본'만
바꿔줘도
자취방
분위기가
달라진다

방문 페인팅

자취방의 얼굴 방문만 반겨져도 살만하지 아니한가!

의뢰인 여성/ 29세/ 패션MD
주거형태 다세대주택 2층(4층 중)/ 8평
공간특징 집주인이 장판과 도배를 해줬으나 방문은 아무리 닦아도 지워지지 않은 세월의 흔적(?)으로 오래되고 낡아 보임.

의뢰내용

제이쓴! 방문에 페인트를 칠하려고 보니 수성이며 유성이며 도대체 무슨 말인지 모르겠어요. 인터넷을 검색해봐도 똑같아 보이는 방문인데 누구는 유성 페인트를, 누구는 수성 페인트를, 또 누구는 에나멜페인트를 썼다고 하고……. 어디 물어볼 데도 없고요! 저 지금 대략난감! 항상 따라 할 수 있을 만큼 쉽게 설명해주는 제이쓴! 페인트칠하는 거 알려주면 안 돼요?

제이쓴의 진단

블로그를 운영하면서 가장 많이 받는 질문이 바로 '방문 페인팅'입니다. 자신의 자취방 문은 어떤 페인트로 칠해야 좋을까 하는 겁니다.

사실 저도 처음에는 페인팅에 대해 아는 게 하나도 없었죠. 어디 물어볼 곳도 없어서 정말 많이 답답했습니다.

그럼 과연 방문에는 어떤 페인트를 써야 하는지 알아보고, 의뢰인의 방문에 어울리는 페인트를 함께 찾아보고, 작업도 해볼까요?

준비물과 비용

준비물	비용	파는 곳
젯소: 던애드워드 울트라그립 컬러젯소(실내외 밝은 컬러 보완용) 0.5L	28,000원	나무와사람들 (온·오프구매가능)
페인트: 던애드워드 에베레스트 반광 실내(방문·가구)용—베이지(조색번호 DEW318) 1쿼터	32,000원	나무와사람들 (온·오프구매가능)
페인트: 던애드워드 에베레스트 반광 실내(방문·가구)용—스카이블루 (조색번호 DE 5800) 1쿼터	32,000원	나무와사람들 (온·오프구매가능)
페인트용 트레이	1,000원부터	페인트가게, 철물점
페인트용 롤러 & 코팅장갑	1,000원부터	페인트가게, 철물점
	총 94,000원	

작업멘트

※ 이번 편에서 쓰는 페인트는 벽에 작업하고 남은 페인트인데, 가격에 '존재감'이 있는 편입니다! 좀 더 저렴하게 구입하고 싶으면 1L부터 조색이 가능 '삼화페인트 홈 파스텔(1L, 12,000원부터)' 페인트와, '홈스타 젯소(0.25L, 7000원부터)'를 사용하시면 보다 저렴하게 작업하실 수 있습니다!

※ 보통 방문을 작업할 땐 내부수성용 페인트를 많이 사용하지만, 문의 재질과 방문 혹은 화장실문에 따라 달라질 수 있습니다. 사진을 찍어서 페인트가게에 방문하여 사장님께 물어보면 더욱더 자세하게 알 수 있습니다!(사진과 함께 커피 한 캔도 챙겨 가서 더욱더 친절한 설명을 듣는 센스도 준비!)

※ 페인트 1L 기준으로 방문과 문틀 1.5개 정도 칠할 수 있습니다. 물론 개개인의 도포방식에 따라 페인트의 양은 달라질 수 있습니다.

※ 만일 칠 작업을 정교하게 하고 싶으면 롤러 외에 붓을 준비해두세요.

작업시간

젯소 1회(약 30분)
페인팅 2회(1회당 약 30분)

▶
페인트를 사기 전에 방문의 표면부터 확인하자!

지은 지 얼마 되지 않은 신축 주택의 방문은 대개 나무에 시트지로 래핑이 되어 있습니다.**A** 시트지 위에 페인팅을 하면 페인트가 잘 발리지 않고 미끄러지는 사태가 발생합니다. 그러면 방문 페인팅은 못 하는 것이냐? 여기서 아주 중요한 인테리어 자재를 소개해드리겠습니다. 바로 페인트의 접착력을 돕기 위해 꼭 필요한 페인트용품, 젯소입니다.**B** 아마 이 책에서도 페인트와 관련해서 심심찮게 젯소가 언급될 텐데, 여러분도 눈여겨봐두시기 바랍니다. 젯소는 페인트를 칠할 표면이 미끄러워서 페인트가 잘 칠해지지 않는 곳(시트지, 유리, 플라스틱 등)에 발라줍니다. 제가 화장은 잘 모르지만, 얼굴에 기초화장을 확실히 해주면 화장이 잘 받는다죠? 젯소도 마찬가지입니다. 젯소를 구석구석 잘 발라주면 페인트가 골고루 잘 칠해지고 색도 잘 받습니다.

자취방의 방문에는 시트지가 붙어 있는 경우도 종종 볼 수 있습니다. 시트지가 색이 바래거나 떨어져나갈 기미가 보이면 새로운 시트지로 바꿔보고 싶은 충동이 들게 마련이죠. 그래서 손을 대놓긴 했는데 시트지가 자꾸 떨어져나가고, 글루건 같은 접착제로 붙여놔도 또 얼마 안 있어 떨어진다고 하소연을 하세요. 특히 화장실 문이 이런 문제가 많이 벌어지죠.**C** 화장실 문은 습기 때문에 시트지의 접착력이 떨어져 흐물흐물 떨어져나가게 됩니다.

방문을 바꾸는 방법에는 두 가지가 있습니다. 기존 시트지를 제거하고 새 시트지로 교체하는 방법과 페인트를 바르는 방법. 제 의뢰인은 "기왕 뜯어진 거 페인팅으로 벽하고 색상을 맞추고 싶어요!" 하는 바람을 표명하셔서 결국 페인팅을 하기로 결정했습니다.

A 나무에 시트지로 래핑된 방문

B 페인트 접착력 도우미 젯소

C 시트지가 떨어져나간 화장실의 'OMG' 사태!

▶▶ 용가리 통뼈라도 페인트칠은 두 번 해주세요!

대문도 아니고 방문인데, 꼭 롤러를 사용해야 할까 하는 생각이 드는 분들도 계실 겁니다. 페인팅 작업을 해보신 분들은 알겠지만, 붓으로 페인트 혹은 젯소를 칠하게 되면 자국이 남습니다. 하지만 롤러로 페인트를 칠해주면 자국 없이 깨끗하게 바를 수 있습니다. **D1-2**

젯소는 제품마다 다르지만, 약 한 시간이면 마릅니다. 젯소는 페인트와 달리 두껍게 바를 필요가 없습니다. 때문에 건조되는 시간도 빠르죠. 손으로 살짝 만져보았을 때 끈끈한 기운이 느껴지지 않는다면 페인팅을 해도 됩니다. **E**

이제 본격적으로 페인팅 작업에 들어갈 건데요, 제아무리 페인트를 잘 바르는 용가리 통뼈라도 기본 두 번 이상은 페인팅을 해줘야 합니다. 처음 칠할 때 페인트를 너무 많이 안 발라도 됩니다. 문에 페인트가 골고루 발렸는지 확인한 다음 말려주세요. **F1-2**

한 번 칠했는데도 엄청 깨끗해 보이죠? 젯소에 비해 훨씬 색이 선명하고 색을 받은 티가 확실해서 그렇게 느껴질 수 있습니다. 사실 페인팅에는 특별한 방법은 없습니다. 롤러에 너무 많은 페인트 양을 바르지 않고, 건조를 확실히 해주면 됩니다. 단 내부수성용 페인트를 선택했다면 물을 전체 양의 5% 이내로 섞어주는 것이 좋습니다.

햇빛이 좋고 바람이 잘 부는 날엔 보통 30분 내외로 마른답니다! 1차로 페인팅 해놓은 방문을 손끝으로 만져보세요. 끈적이지 않고 뽀송뽀송하게 말랐다면 2차 페인팅을 해주세요. 페인트가 마른 문을 보면 칠이 덜된 부분이 보일 겁니다. 1차 때 꼼꼼히 한다고 해도 마르고 나면 이런 부분이 꼭 보여요. 이러한 곳은 꼼꼼하게 페인팅 해줘야 완벽한 결과물을 기대할 수 있습니다.

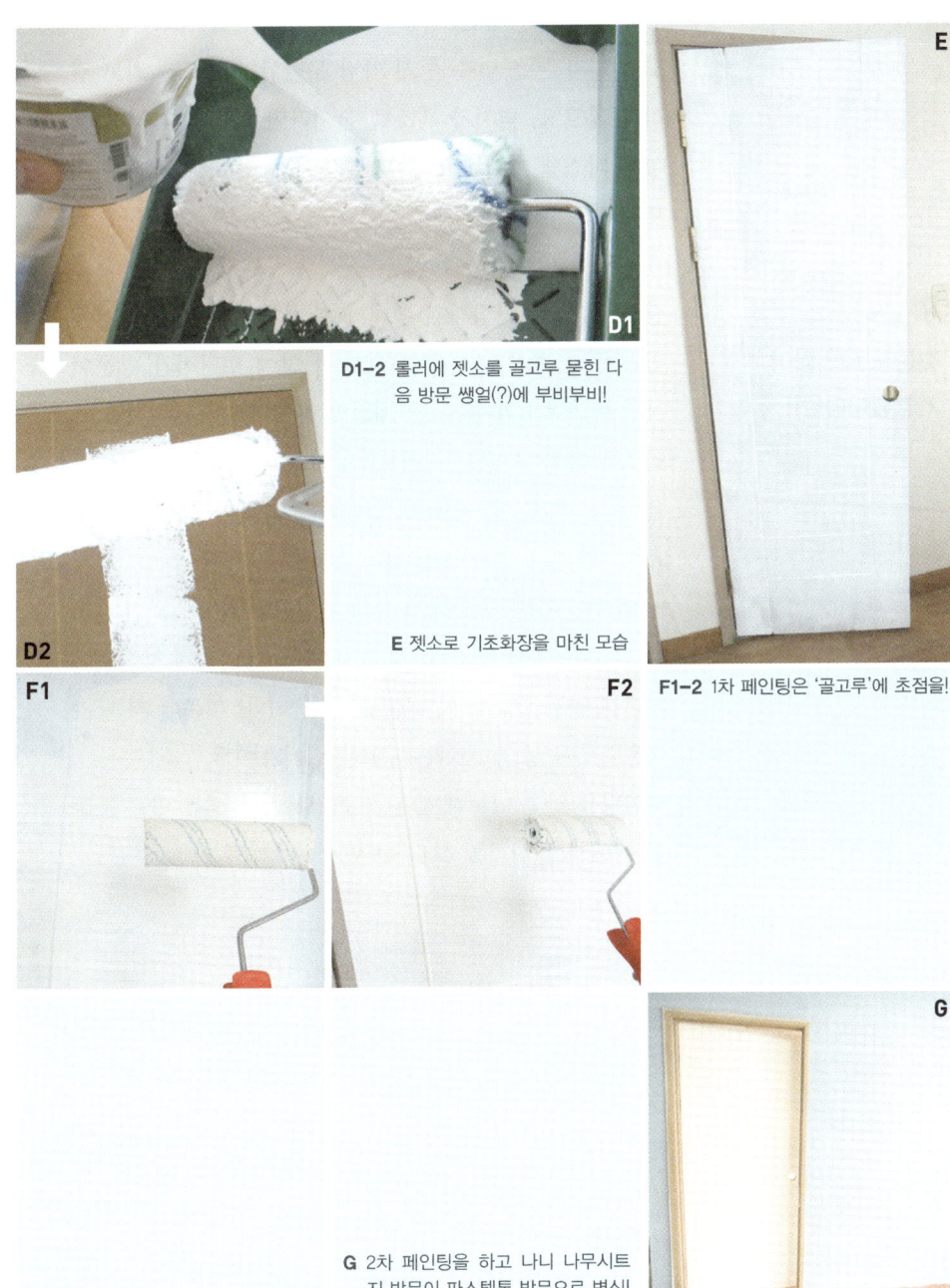

D1-2 롤러에 젯소를 골고루 묻힌 다음 방문 쌩얼(?)에 부비부비!

E 젯소로 기초화장을 마친 모습

F1-2 1차 페인팅은 '골고루'에 초점을!

G 2차 페인팅을 하고 나니 나무시트지 방문이 파스텔톤 방문으로 변신!

19

방문 페인트 색깔은 어떻게 고르는 게 좋을까요? 아무래도 벽지와 톤을 맞추는 게 가장 무난합니다. 오래 봐도 질리지 않고요. 벽지가 파스텔 톤이라면 방문의 페인팅 색상은 파스텔 계열에서 좀 더 밝은 색상을 고르거나 화이트 컬러로 페인팅을 해주는 것이 좋습니다.**G**

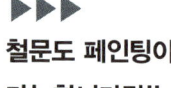
철문도 페인팅이 가능합니다만!!

반지하부터 옥탑방까지 형태가 다양한 만큼 자취방 안에 있는 문의 종류도 다양합니다. 집 안에 일반적인 방문이 아닌 현관문처럼 철로 된 재질의 문이 있는 분은 정녕 페인트를 칠할 수 없는 걸까요? 당연히 방법이 있지요. 철문은 유성 페인트로 칠할 수 있습니다.

유성 페인트도 2회 칠합니다.(젯소는 칠하지 않습니다.) 하지만 철문이 있는 집 안에서 유성 페인트를 칠하게 되면 페인트 냄새(여러분이 방금 떠올린 그 냄새)가 잘 빠지지 않습니다. 게다가 일부 페인트에는 독소도 있습니다! 때문에 저는 가정용으로 수성 페인트를 추천해드립니다.**H1-2**

페인팅을 하고 났는데도 뭔가 허전하다면 센스 있는 소품을 더해서 분위기를 살릴 수 있습니다.**I**

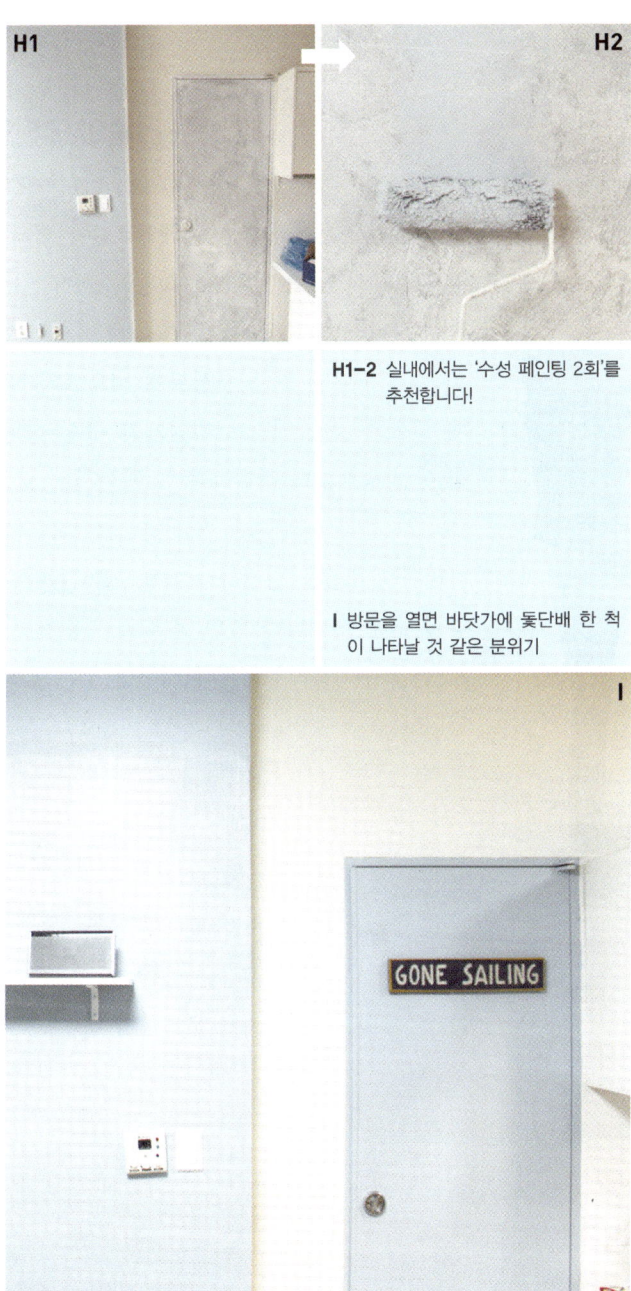

H1-2 실내에서는 '수성 페인팅 2회'를 추천합니다!

I 방문을 열면 바닷가에 돛단배 한 척이 나타날 것 같은 분위기

방문 리폼의 끝판왕, 바니쉬!

화장실 문은 습기 때문에 페인트칠이 쉽게 엄두가 나지 않습니다.(화장실은 인테리어 고민이 이만저만 삼만사만!) 페인팅을 하더라도 수성 페인트가 벗겨질 수 있어서 페인트칠을 안 하느니만 못하는 상황에 맞닥뜨리기도 하죠. 이럴 때 필요한 것이 페인트 마감재인 수성 바니쉬입니다. 두 번 이상 칠해주면 걱정이 뚝, 기분이 업!

바니쉬는 오염을 방지하기 위해 쓰이는 마감재입니다. 화장실 문뿐 아니라라 일반 문에도 사용이 가능합니다. 쉽게 변할 수 있는 곳에도 칠해주면 좋은 효과를 볼 수 있답니다!

바니쉬의 효과가 번쩍번쩍!

방문 페인팅만 해도 분위기가 달라져요!

방문은 자취방의 얼굴이라고 할 수 있습니다. 다른 곳에 비해 인테리어의 은혜를 입히는 데 시간도 오래 걸리지 않습니다. 가뜩이나 인테리어에 시간을 투자하기 어려운 분은 방문이라도 손을 보시길 적극 추천합니다! 제이쓴曰

장판 깔기

자취방 인테리어의 시작, 장판 깔기

의뢰인	K자매(26, 28세)/ 편집디자이너, 플랜트설계
주거형태	빌라 3층(3층 중)/ 12평(시공을 한 곳은 옥탑방 2.5평)
공간특징	3층 전세에 옥상 옥탑방까지 계약 면적으로 두고 있는 집. 옥탑이라 채광도 좋고, 환기도 좋음. 하지만 공간이 약 두 평 정도로 협소해서 주거용으로 쓰기엔 부적합!

의뢰내용

열심히 돈 벌고 저축해서 얼마 전에 드디어 전셋집으로 입성했습니다!(너무 기뻐요.) 하지만 기쁜 건 잠시! 세상에! 월세 살 땐 몰랐는데, 전셋집은 도배와 장판은 세입자가 부담하는 거라면서요? 세상에! 그래서 동네 인테리어 가게에 찾아가봤는데, 세상에! 장판 비용이 뭐 이리 비싸요? 원래 인건비가 비싸다는 말은 들었는데, 셀프로 하는 방법은 정녕 없는 건가요?

먼저 전셋집으로 옮긴 거 진심으로 축하드려요! 짝짝짝 (물개박수)! 가뜩이나 전세가격은 겸손할 줄 모르고 오만하게 고개를 들고, 부동산 매물은 가뭄에 콩 나듯 한다는데, 정말 근검절약을 하신 듯!

하지만 전세 세입자가 되면 권리와 의무가 조금 달라져요. 의뢰인이 이야기한 대로 월세는 계약하면서 벽지나 장판 상태가 더러우면 집주인에게 요청하면 되는데, 전세는 보통 세입자가 부담해야 한다고 합니다. 하지만 업체에 맡기자니 비용이 무시무시하죠.

'인건비를 빼고 자재비만 놓고 보면 당장이라도 자신만 만하게 지갑을 열 텐데.'

이렇게 생각하는 분 있으면 망설이지 말고 지갑을 여세요. 장판도 수차례 깔아서 까질 대로 까진 저, 제이쓴이 장판 까는 방법을 알려드리겠습니다! 자취방을 사랑하고 돈과 헤어질 마음 없이 오랫동안 함께하고픈 마음만 있다면 장판 작업, 절대, 어렵지 않습니다! 그럼 본격적으로 들어가볼까요?

준비물과 비용

준비물	비용	파는 곳
하이팻트 장판 (150X290cm 두 폭) & 목장갑, 커터칼	60,000원 (한 폭에 30,000원) 총 60,000원	동네 지물포가게

작업멘트

※ 제 의뢰인은 지인을 통해서 장판을 더 저렴하게 구입했습니다. 오픈마켓을 검색해보면 비슷하게 구매할 수 있습니다.

작업시간

하이팻트 장판 150×290cm 두 폭을 기준으로 30분~1시간

▶ 강화마루, 모노륨, 하이팻트: 자취방 바닥 무엇으로 깔까?

장판은 종류가 다양합니다. 그중에서도 주거 공간에 대표적으로 쓰이는 것이 모노륨과 하이팻트! 둘 다 시공이 간편하고, 가격이 저렴합니다. 하지만 무늬가 강화마루처럼 비싼 바닥재보다 좀 떨어지는 단점이 있죠. 모노륨과 하이팻트도 제품에 따라 가격 차이가 두 배 가까이 나기도 합니다. 모노륨은 장판 이음새가 없고, 열에 강해서 대중적인 인기를 얻는 장판. 하이팻트는 모노륨보다 저렴하지만, 비닐로 만들어져 열에 약합니다. 때문에 수축과 팽창이 있는 편이죠. 그럼에도 가격 때문에 소비자들의 관심을 받고 있죠.**A**

의뢰인의 집에 장판을 깔 실제 공간은 280×250(가로×세로)cm 크기의 두 폭으로, 거주하는 곳이 아니라 여유 공간이었습니다. 의뢰인은 강화마루는 물론 모노륨보다 하이팻트로 작업해주길 바라더군요. 같은 하이팻트라고 해도 두께며 제조회사에 따라 가격이 천차만별입니다. 장판은 여러분의 예산, 장판을 향한 애정 등을 감안하여 신중하게 선택하세요.(데코타일은 198쪽을 참조하세요.)

▶▶ 걸레받이 없이 테두리 길들이기

장판 사면서 자연스레 사는 것이 바로 본드죠. 모노륨을 깔려면 본드가 필요하지만 하이팻트는 본드조차 필요 없습니다.(모노륨으로 시공한다면 본드는 테두리 쪽에만 붙여주면 됩니다.) 하이팻트는 준비물이 간편한 만큼 시공도 간단합니다.

장판 뒤편을 보면 우리 눈보다 몇 백배 정확한 눈금(10cm 단위)이 있습니다.**B** 이 눈금을 이용해서 커터칼로 정확하게 필요한 만큼 사용하면 됩니다! 여유 있게 장판을 잘라서 깔아주면 가장자리 부분에서 살짝 고민이 생길 겁니다. 테두리 부분을 어떻게 해야 할까?**C1-3**

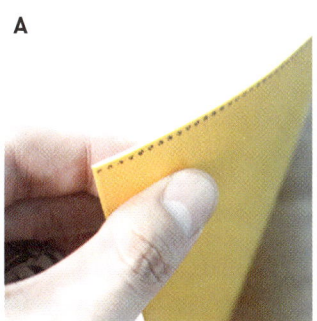 

A 열에 약하지만 저렴해서 인기 짱, 하이팻트!

B 동태눈알도 매의 눈으로 만들어줄 눈금!

C1-3 장판을 3~5cm 여유 있게 깐 다음 커터칼 엉덩이로 꾹꾹 눌러주세요.

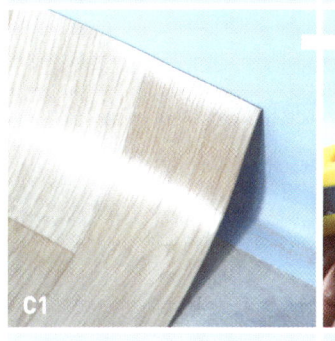  

D '한 성깔' 하는 장판은 손을 봐줘야!

보통 인테리어 업체에 맡기면 테두리를 짧게 해서 걸레받이 시공(벽과 바닥이 만나는 곳에 나무를 덧대는 방법)을 합니다. 하지만 저는 장판의 길이를 약 3~5cm 여유를 준 다음 구부려주는 것을 선호합니다. 걸레받이 시공을 하려면 덧댈 나무나 시중에 나와 있는 롤형 걸레받이를 구입해야 하고 장판 테두리에 맞춰서 일일이 작업해야 하는데, 최대한 돈을 아끼고 싶다면 장판에 여유를 주고 테두리 부분을 살짝 올려주면 됩니다.(그래도 걸레받이를 하고 싶다면 202쪽을 참조하세요!)

커터칼 엉덩이로 눌러줘도 안 접히는, '한 성깔' 하는 장판들도 간혹 있습니다. 그럴 땐 손가락으로 꾹꾹 눌러주거나 장판을 기역자로 접어서 모양을 만들어주세요(잠시 동안 무거운 물건을 올려놓아도 좋습니다).**D**

▶▶▶
**30분이면
뚝딱 끝나는
옥탑방 장판 깔기**

시공이 간단하다 보니 280×250(가로×세로)cm 크기의 장판 까는 작업은 30분 정도면 뚝딱 할 수 있습니다. 사실 집수리나 인테리어를 안 해본 분은 장판 까는 작업에도 부담을 느끼는데, 정작 해보면 별것 아니구나 하실 겁니다.
두 번째 장판 역시 처음에 깔아놓은 장판과 마찬가지로 여유 있게 자른 다음 첫 장판과 살짝 겹쳐서 깔아주세요.**E** 왜 겹쳐야 하느냐고요? 바닥의 상태가 좋지 않거나 장판의 수축과 팽창이 심하면 틈새가 벌어질 수 있습니다. 특히 옥탑방이나 반지하는 방바닥과 장판이 환경에 알게 모르게 영향을 많이 받게 됩니다. 때문에 장판을 두 장 깔아야 한다면 두 번째 장판은 10cm 정도 여유를 두고 무늬를 맞춰 잘라서 겹쳐줘야 합니다. 사랑하는 남녀가 있는데, 손만 맞대면 너무 밋밋하겠죠? 손깍지를 껴야

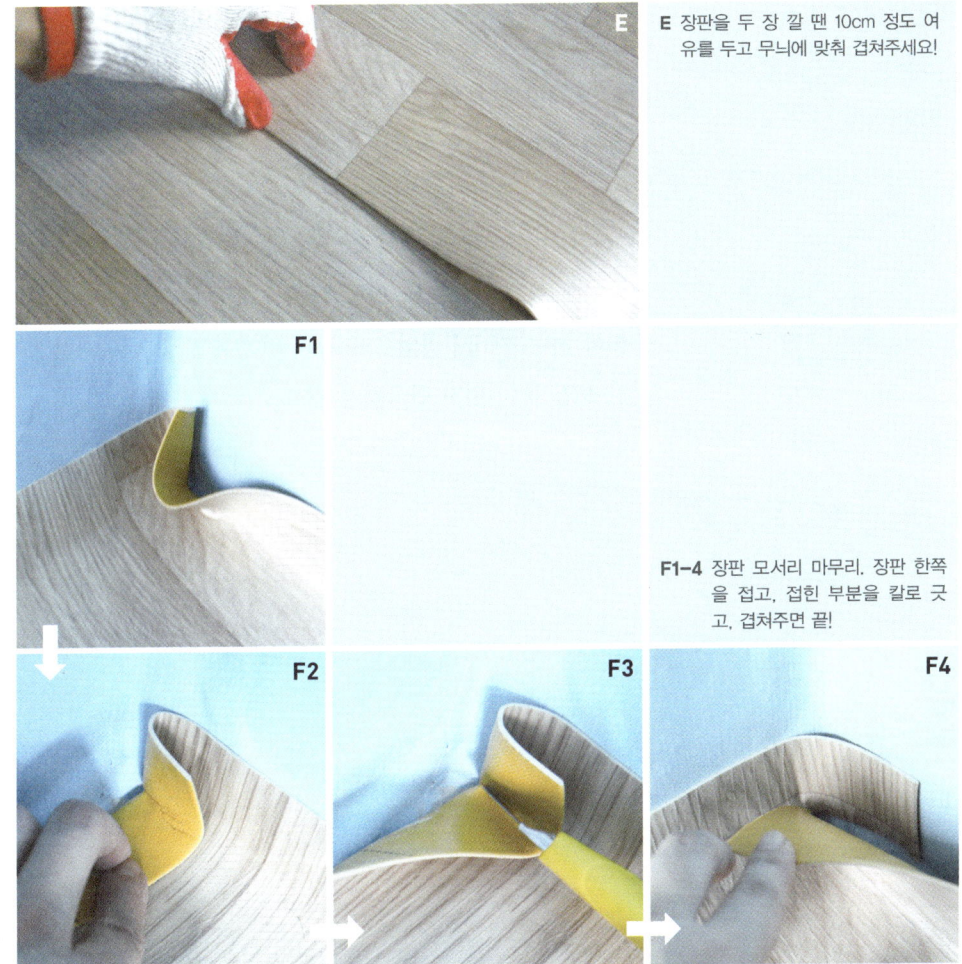

E 장판을 두 장 깔 땐 10cm 정도 여유를 두고 무늬에 맞춰 겹쳐주세요!

F1-4 장판 모서리 마무리. 장판 한쪽을 접고, 접힌 부분을 칼로 긋고, 겹쳐주면 끝!

애정이 샘솟는 법! 두 장판도 깍지 껴주듯이 겹쳐주세요. 참고로 모노륨을 바닥에 깔려고 하면 접착제를 사용해서 겹침 없이 시공할 수 있습니다. 하지만 바닥 상태가 좋지 않으면 모노륨이라 하더라도 겹치는 방법으로 시공해야 합니다.

이제 모서리 부분만 깔끔하게 정리해주면 작업 끝! 혹시 학창 시절에 하드보드지로 필통 만들어보신 분 계세요? 그렇다면 앞 페이지의 사진을 보면 어떻게 처리해야 하는지 머리보다 손이 먼저 반응할 겁니다. **F1-4** 저도 예전에 누나님에 의해 거의 감금당한 상태에서 '연예인필통'을 만들어야 하는 가내수공업을 수차례 겪은 후유증으로 저런 것만 보면 몸이 먼저 반응하게 돼요.

바닥재 선택하기

장판은 날이 갈수록 무늬가 다양해져서 선택의 폭이 넓어졌습니다. 자신의 주머니 사정에 따라 바닥재를 고르시면 됩니다!

일단 강화마루는 재료값이 만만치 않기 때문에 자취방에는 부담! 모노륨 장판의 경우 강화마루에 비해 저렴하면서 비슷한 분위기를 낼 수 있기 때문에 많이 간택됩니다. 의뢰인의 공간에는 하이팻트 장판을 사용했습니다. 이 공간은 주거공간이 아닌 자투리 공간이기 때문에 가장 저렴한 하이팻트 장판을 사용했습니다!

보통 방 안에도 할 수 있지만 아쉽게도 하이팻트는 비닐 재질이기 때문에 무거운 물건을 올려놓으면 자국이 남는답니다. 때문에 방 안의 바닥재를 교체할 분에게 제이쓴은 모노륨을 추천합니다!

자투리 공간에 기본적인 장판만 깔아줘도 깔끔함이 몽글몽글!

Before & After

장판 깔기, 어렵지 않군요!!

헐, 장판 까는 거 이렇게 간단한 거였어요? 인테리어업체에 맡겨서 부르는 값 줬으면 배 아파 돌아가실 뻔했네요! 제이쓴 덕에 쉽고, 깔끔하게 마무리 잘했네요! 셀프인테리어라는 거 마음먹기 달렸다는 것도 배웠고요. 진심 고마워요. 근데, 제이쓴! 대체 안 해본 게 뭐예요? 이러다가 나중에 삽 한 자루로 집 짓는 거 아니에요?

커튼, 블라인드 달기

못질 하지 않고 프라이버시한 공간 만들기

의뢰인	여성/ 28세/ 사무직
주거형태	신축빌라 3층(5층 중)/ 8평
공간특징	건물이 지어진 지 얼마 안 되어 채광, 환기 모두 괜찮음. 하지만 못질은 불가능.

의뢰내용

제이쓴, 저 드디어 독립했어요! 이십 몇 년 만에 드디어 독립! 이전부터 제이쓴 블로그 보면서 자취방 꾸밀 생각에 얼마나 설레고 두근거렸는지 몰라요. 제이쓴 블로그 통해서 정보를 수집하면서 저만의 자취방을 만들려고 나름 준비를 착실히 하고 있었답니다. 헌데…… 제가 이 집의 첫 번째 세입자예요. 새 집을 쓴다는 기쁨도 잠시, 신축 원룸이라 못 하나 제대로 못 박는다는 서러움이……. 저는 꼭 커튼을 달고 싶은데, 못 없이 다는 방법이 없을까요?

제이쓴의 진단

처음 입주하는 세입자라고 하면 전월세 구하는 세입자들의 '완전 부러운' 시선을 받게 되죠. 하지만 결코 좋은 것만은 아닙니다. '새집증후군'의 고충을 겪을 수도 있고, 의뢰인의 고민처럼 못 하나 맘대로 박질 못할 수도 있습니다.

사실 새집이 아니더라도 제 주변에서 자취하는 친구들도 많이 물어봅니다. 자취방에서 못질 안 하고도 액자를 달거나 커튼을 치는 방법은 없느냐고.

제이쓴이 못 못지않은 성능을 지닌 궁극의 인테리어 재료를 하나 소개해드립니다. 바로 '3M 커맨더 테이프'. 지금부터 이 재료로 못 하나 박지 않고 커튼 다는 방법을 알려드릴게요. 물론 블라인드 다는 방법도 가르쳐드릴게요!

준비물과 비용

커튼

준비물	비용	파는 곳
커튼레일: 화이트 6자 레일(100~180cm)	7,370원 부터	오픈마켓 (인터파크→드림아트)
대폭시폰(커튼 제작용) 3마(270cm)	9,000원 (1마당 3,000원)	오픈마켓 ('자투리 원단' 검색)
3M 커맨더 테이프(중형) 1세트(6쌍)	4,500원	대형문구점, 대형마트, 온라인으로 구입가능. (대·중·소 선택.)
& 십자드라이버		
	총 20,870원	

블라인드

준비물	비용	파는 곳
알루미늄 블라인드 (90×70cm 기준)	6,720원부터	오픈마켓 (롯데닷컴→코디하임)
전용 브래킷		블라인드에 동봉
& 십자드라이버		
	총 6,720원	

※ 커튼과 블라인드는 크기에 따라 가격 변동이 클 수 있습니다.

작업멘트

작업시간

커튼, 블라인드 모두 20분 이내 가능

▶
**못질 없이
커튼을
달 수 있을까?**

'3M 커맨더 테이프'라고 하면 예전에 한 번쯤 써본 양면 테이프 아닌가 하고 착각하기 쉽습니다. 하지만 이 아이는 전혀 다른 테이프!**A** 이 테이프로 말할 것 같으면 돈 고프고, 낭만 고프고, 인테리어 고픈 청춘자취생에겐 절대로 없어선 안 될 '절대 테이프'! 철이 생산되면서 인간의 삶이 바뀌었듯이 3M 커맨더 테이프는 여러분의 자취방 인테리어에 일대 혁명을 몰고 올 것입니다. 일반 양면 테이프라고 취급하시면 이 테이프의 자존심이 상합니다. 사용법은 아주 간단합니다.**B1-2**

정말 안 떨어지냐고요? 언제 떨어질지 불안하다고요? 제가 지금 기거하고 있는 자취방에 이사한 때가 2013년 1월이었습니다. 그때 이 테이프로 커튼을 달았으니 2년이 가까워지고 있네요. 헌데 저희 커튼 아직까지 이상 없이 튼튼하게 잘 버티고 있습니다.

이 테이프가 버틸 수 있는 무게는 한 쌍당 1Kg. 저는 1.5m 레일에 테이프 네 쌍을 부착했으니 이론상으로 4kg의 무게를 버틸 수 있습니다. 이런 거 보면 세상 참 좋아졌죠? 단 꼭 명심할 것이 있습니다. 린넨이나 시폰 같은 무겁지 않은 원단으로 만들어진 커튼이어야만 확실하게 고정됩니다.

커튼도 다는데, 커튼봉도 버틸 수 있지 않을까? 아쉽지만 커튼봉은 봉 자체가 무겁기 때문에 커맨더 테이프를 사용하더라도 무리가 있습니다. 거기에 암막 커튼까지 달면 …… 스릴 넘치는 자취생활을 누릴 순 있을 거예요.

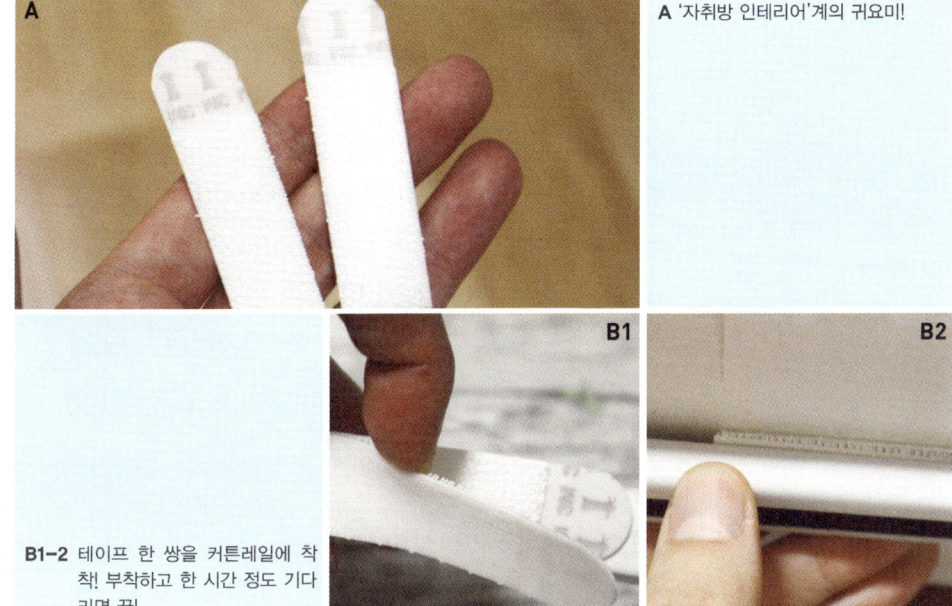

A '자취방 인테리어'계의 귀요미!

B1-2 테이프 한 쌍을 커튼레일에 착착! 부착하고 한 시간 정도 기다리면 끝!

▶▶
자취방 인테리어의 요정, '3M 커맨더 테이프' 활용법

'오호, 이 테이프로 커튼까지 달 정도면!'
아마 한 눈치 하는 분들은 3M 커맨더 테이프 보는 눈빛이 달라져 있을 겁니다. 그리고 머릿속으로 이 테이프의 활용방법을 뭉게뭉게 떠올리실 겁니다.
제가 항상 잠드는 침대의 머리 위에는 반 고흐의 별이 빛나고 있습니다!**C** 이 그림의 정체는 직쏘 퍼즐인데, 커맨더 테이프를 사용해서 부착했습니다. 예전에는 뭣 모르고 일반 양면테이프로 벽에 고정시켰다가 봉변을 당했더랬죠. 퍼즐뿐만 아니라 시계, 액자같이 가벼운 소품도 벽에 구멍을 내지 않고 원하는 곳에 부착할 수 있습니다.
활용도가 많은 건 알겠는데, 이렇게 강력한 테이프 붙였다가 벽지 뜯어지는 거 아니냐고요? 테이프 깔끔하게 뜯어내는 방법을 가르쳐드릴게요.**D1-3**
어때요? 아주 간단하죠? 흔적도 없이 사라졌죠? 그야말로 신통방통합니다. 이놈 하나 갖고 있으면 열 못질이 부럽지 않다니까요!

▶▶▶
블라인드 설치 방법

커튼보다 블라인드를 선호하시는 분들도 있죠? 블라인드가 사용하기 훨씬 간편하고, 관리도 더 쉬워서 많이 쓰입니다. 이런 분들을 위해 블라인드 다는 법을 소개해드리겠습니다.**E1-3**
블라인드를 고정하기 위해서는 블라인드 끝을 기준으로 브래킷을 약 20cm 정도 안쪽에 달아주면 튼튼하게 설치됩니다. 블라인드도 제품마다 다를 수 있으니 설치하기 전에 반드시 사용 설명서를 꼭 읽어보시기 바랍니다!

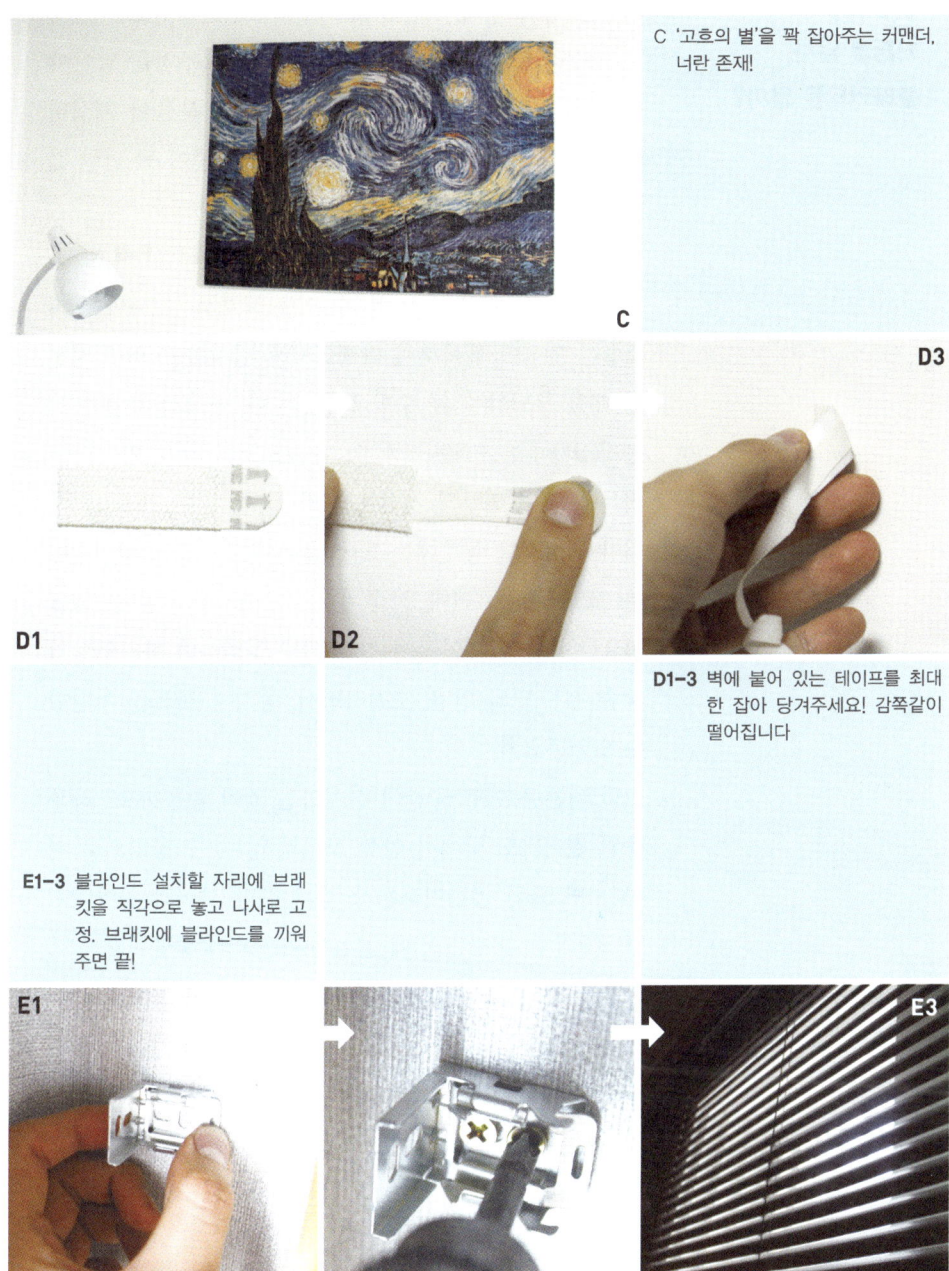

C '고흐의 별'을 꽉 잡아주는 커맨더, 너란 존재!

D1-3 벽에 붙어 있는 테이프를 최대한 잡아 당겨주세요! 감쪽같이 떨어집니다

E1-3 블라인드 설치할 자리에 브래킷을 직각으로 놓고 나사로 고정. 브래킷에 블라인드를 끼워주면 끝!

▶▶▶▶
**커튼을 달까,
블라인드를 달까?**

개인 취향에 따라 커튼을 달기도 하고, 블라인드를 달기도 하는데요. '나는 커튼과 블라인드 중 무엇을 달아야 하는지 모르겠다'며 도리어 저한테 묻는 분들이 계십니다. 그분들의 호기심 해결을 위해 제가 기준이 될 만한 걸 알려드릴게요.

반지하의 창과 고층 오피스텔의 창이 있습니다.**F, G** 두 공간은 모두 밖에서 안을 볼 수 있는 구조죠. 그나마 오피스텔은 멀찍이 떨어져서 다행이지만, 반지하는 외부 시선에 대한 부담감이 클 수밖에 없습니다. 안에서 무엇을 하는지(심지어 코 후비는 것까지?) 다 보일 정도로 가깝습니다. 커튼을 달면 외부의 시선에서 자유로울 순 있겠지요? 하지만 집이라는 공간에는 빛이 들어와야 사람이 광합성이란 것도 해보는 건데, 하루 종일 커튼만 치고 살 순 없잖아요! 창을 통해 안쪽이 잘 보이는 구조라면 블라인드가 좋습니다. 빛의 양을 조절하면서, 동시에 시선을 차단할 수 있거든요.**H**

그럼 커튼은 어떤 공간에 설치하는 것이 좋을까요? 하루 종일 걸어놔도 밖에서 안이 보이지 않는, 즉 창밖으로 시야가 뻥 뚫린 공간이라든가, 방과 주방 사이의 공간(분리형 원룸의 큰 창 같은 곳)에 설치해주는 것이 좋습니다.

물론 커튼과 블라인드 중 무엇이 더 인테리어 효과가 뛰어나다고 단정 지을 수 없습니다. 자신의 취향과 용도에 맞게 선택하는 것이 중요합니다. 인테리어라는 것도 결국 그 공간을 쓰는 사람의 만족과 편의를 위한 것입니다. 그렇다고 베란다같이 큰 창이 통째로 열리는 곳에 블라인드를 설치하려는 아방가르드한 분은 설마 안 계시겠죠?

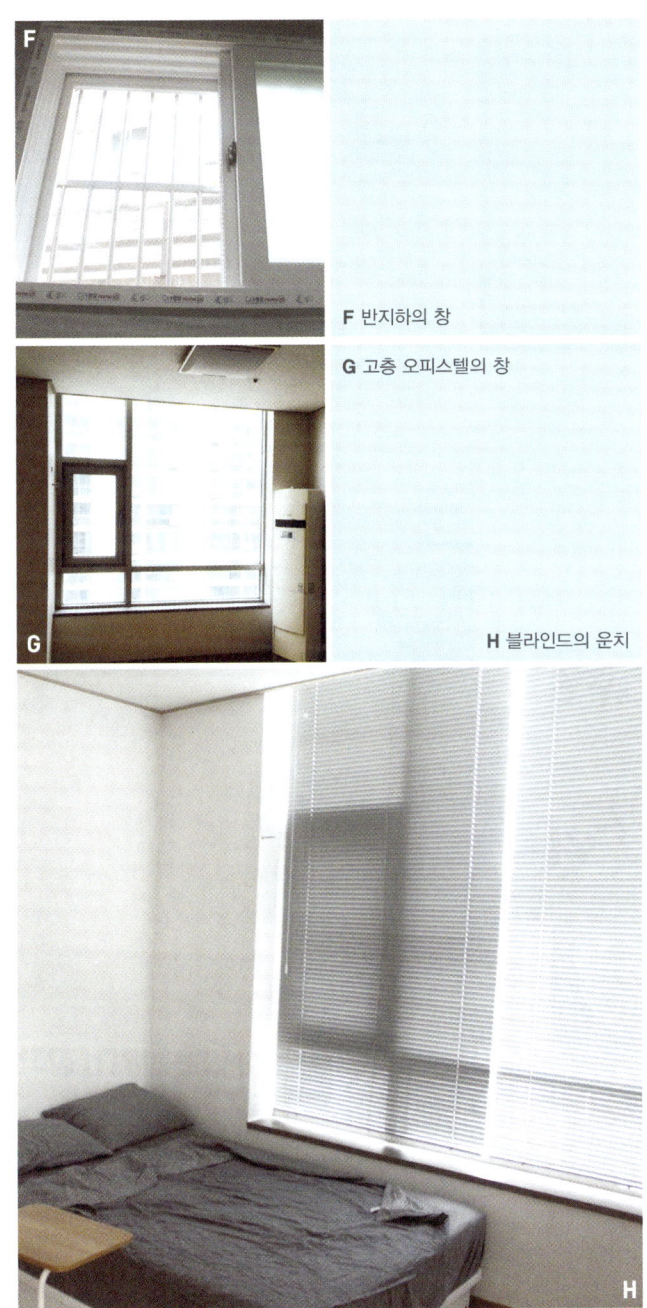

F 반지하의 창

G 고층 오피스텔의 창

H 블라인드의 운치

자취방 인테리어뿐 아니라
자취방 인생의 질을 높여주는
블라인드와 커튼!

Before & After

사생활 보호 및 운치 있는 분위기 장착!

자취방의 커튼이나 블라인드는 존재감이 그 어디보다 더 클 수밖에 없어요. 특히나 사생활 보호를 위해서는 더욱 더 필요한 필수 아이템! 어떤 색상과 스타일을 고르느냐에 따라 당신의 자취방 분위기가 달라집니다! 지금 도전하세요. 제이쓴曰

디지털도어락

이사할 때마다 돈 먹는 디지털 도어락 설치하기

의뢰인 여성/ 33세/ 초등학교 교사
주거형태 복도식 아파트 11층(20층 중)/ 10평
공간특징 복도식 아파트여서 창문이 노출되어 있고, 보안이 취약한 편

의뢰내용

계약이 만료되어 이사를 결심하고 보니 눈에 띄는 것이 바로 디지털도어락! 다른 건 포기해도 거금을 들인 디지털도어락은 도저히 포기할 수 없어요! 아무리 저렴하게 구입한다고 해도 설치비까지 포함하면 인간적으로든 동물적으로든 너무 비싸요. 이거 놔두고 또 이사 가서 하나 구입하고 사람 불러서 설치할 생각을 하면……! 생돈 나가는 거 같아서 너무 신경이 쓰여요. 제이쓴, 무슨 방법 없을까요?

제이쓴의 진단

저도 의뢰내용을 읽으면서 고개를 끄덕이며 전적으로 공감!(특히나 저는 열쇠를 잘 잃어버리는 편이랍니다.)

자취하는 분들, 그중에서도 특히 여성분(들)만 거주하고 있으면 수동형 열쇠는 왠지 불안하잖아요. 전에 살던 세입자나 다른 사람이 갖고 있다는 생각에, 이사하면 돈을 들여서라도 새 걸로 바꾸게 됩니다. 헌데 디지털도어락은 설치하고 싶어도 계약기간이 끝난 뒤 이사 가게 되면 떼어가지 못한다는 생각에 많은 분들이 설치를 고민하게 됩니다.

근데 고민할 게 뭐 있나요! 여러분이 직접 떼어가서 설치하면 되는 것을! 어렵지 않아요. 저만 따라 오시라고요, 따라와아~

준비물과 비용

준비물	비용	파는 곳
디지털도어락 세트	35,000원부터	오픈마켓, 동네 전파사 등
전동드라이버 & 십자드라이버, 니퍼	1,000원부터 (대여료)	주민센터, 동네 공업점, 아파트관리소 등에서 대여 가능

총 36,000원

작업멘트

※ 디지털도어락 새 제품은 3만 원 후반대로 구입이 가능합니다. 조금 더 저렴하게 구입하고 싶다면 중고장터를 이용하세요.

※ 전동드라이버는 사지 않아도 됩니다! 제가 꿀팁 하나 드릴게요. 동네 주민센터(구 동사무소)에 가면 전동드라이버를 빌릴 수 있습니다. 이용요금은 하루 종일 단돈 1,000원! 전동드라이버뿐 아니라 각종 공구도 대여해 준답니다.(단 지역별로 대여료나 대여공구가 다를 수 있으니 방문 전에 꼭 전화해보세요.) 아파트에 거주하고 있다면 관리사무소나 경비실에 대여를 문의해보세요. 동네 공업점에 가도 대여가 가능합니다. 하지만 요금은 주민센터보다 더 셉니다.(하루 대여 기준 5,000원 부터)

작업시간

약 30분 정도

▶
**워밍업:
현관 잠금장치
분리하기**

사실 디지털도어락 설치했다가 포기하신 분들 굉장히 많을 거예요. 이게 분해는 쉬운데, 설치는 살짝 요령이 필요합니다. 제가 잔머리하고 요령 피우는 데는 국가대표는 아니더라도 서울시 대표 정도는 노려볼 만할 정도가 되거든요. 어쩌면 그 덕에 이렇게 '저비용 고효율'을 꿈꾸는 인테리어를 생각한 것인지도 모르겠습니다. 하여튼 이번 편에도 쉽게 설명 들어갑니다.

우선 현관 장금장치를 분해하겠습니다. 전동드라이버 혹은 드라이버로 나사 네 개를 드르륵 풀어주세요. 마지막 나사를 풀 때는 반드시 한 손으로 잠금장치를 잡고 있어야 믿는 잠금장치에 발등 안 찍히니까 조심하세요! **A1-5**

▶▶
**디지털도어락
장착의 요령:
고정판을 미리
고정하지 않기**

이사할 때 하나도 빠짐없이 꽁꽁 싸왔거나 혹은 디지털도어락을 구입해서 포장을 풀면 사진과 같은 물품들이 보일 겁니다. **B** 본체(번호 누르는 외부용, 자동으로 잠기는 내부용)와 고정판 그리고 걸이쇠까지! 참고로 나사도 다 챙겨와야 합니다!

그럼 본격적으로 디지털도어락 설치하는 과정을 살펴볼까요? **C1-5** 이 작업을 하기에는 살짝 불편할 수 있습니다. 그래서 열에 아홉 분은 자연스럽게 '차라리 고정판을 먼저 고정하면 작업이 더 편할 것 같은데?' 하는 생각을 하게 됩니다. 하지만 이 작업은 고정판을 고정하지 않고 외부 본체를 연결하는 것이 '핵심포인트'입니다! 고정판을 먼저 고정하면 외부 본체(번호 누르는 기계)를 연결하는 작업이 굉장히 어렵습니다. 이 점 꼭 명심하세요!

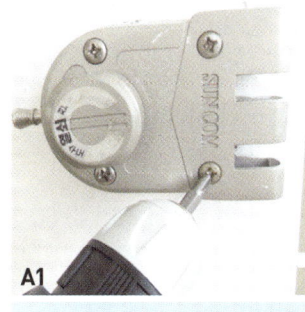
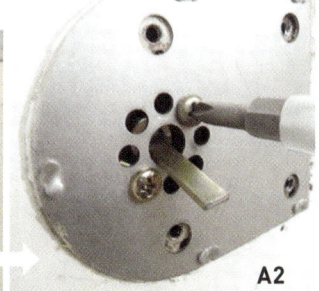
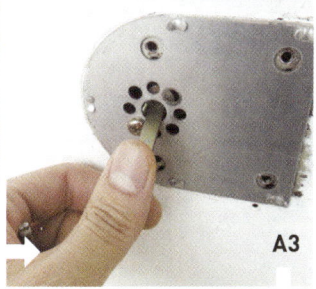

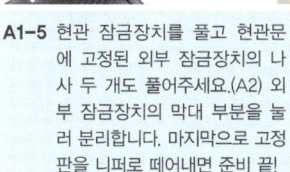
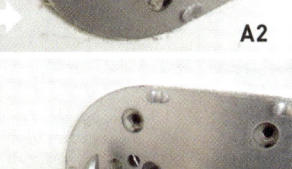
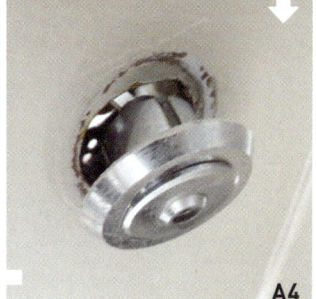

A1-5 현관 잠금장치를 풀고 현관문에 고정된 외부 잠금장치의 나사 두 개도 풀어주세요.(A2) 외부 잠금장치의 막대 부분을 눌러 분리합니다. 마지막으로 고정판을 니퍼로 떼어내면 준비 끝!

B 도어락의 구성물품 (걸이쇠, 고정판, 외부 본체, 내부 본체)

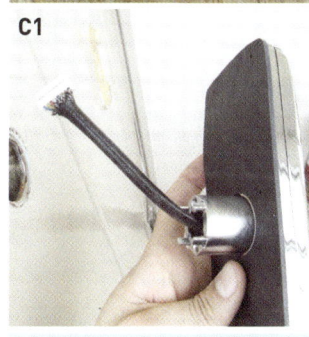

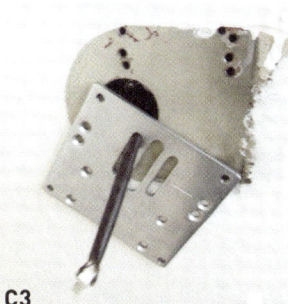

C1-5 번호판이 있는 외부 본체의 케이블을 열쇠구멍에 통과시키고, 고정판에 케이블을 넣습니다.(C3) 고정판과 본체를 연결한 다음, 나사로 조여주세요.

외부 본체와 고정판을 먼저 나사로 조인 다음 철문과 고정판을 나사로 튼튼하게 연결해주세요. 아주 작은 차이지만, 순서를 지키지 않으면 설치 시간이 엄청나게 길어집니다. 연애할 때도 공감대를 형성하고 감정을 공유하고 나서 손을 잡아야 짜릿한 법, 처음 만나자마자 맘에 든다고 상대의 손을 덥석 잡으면 어떻게 되겠어요? 상대의 호감을 다시 얻는 데 엄청난 시간이 걸리겠죠? 디지털도어락은 특히 이런 과정에 충실해야 한다는 것, 잊지 마세요!

슬슬 작업이 끝을 보이네요. 이제 외부 본체와 내부 본체(자동잠금장치)를 연결해볼까요?**D1-3** 고정판에 내부 본체를 고정하기 전에 반드시 건전지를 넣고 디지털도어락이 작동하는지 꼭 확인하세요.

이제 현관문과 기존에 연결되어 있는 걸이쇠를 디지털도어락 걸이쇠로 교체하면 모든 작업이 완료!**E1-5**

사실 30분도 안 걸리는 작업인데, 사람을 부르면 설치비와 출장비 3~5만 원 정도가 순식간에 추가됩니다. 이참에 제이쓴이 투잡을 뛰어볼까요? 으하하, 농담입니다!

D1-3 외부 본체의 케이블을 내부 본체에 연결하고(D1), 건전지를 넣고 작동되는지 확인한 다음 고정판에 내부 본체를 고정합니다.

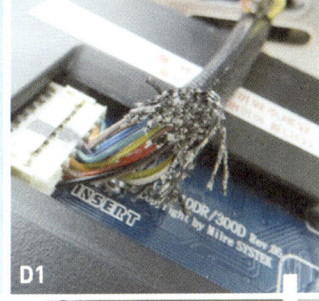
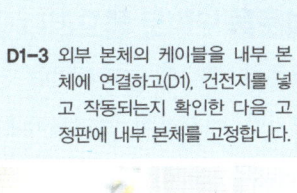
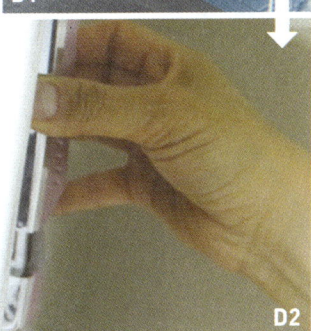

D3

E1-5 기존 걸이쇠를 분리하고, 새 걸이쇠를 설치하기 전에 미리 대보고, 제대로 잠기는지 확인합니다.(D3) 나사로 고정하면 완성!

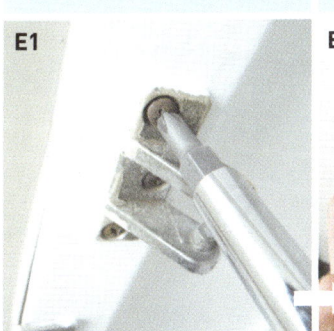

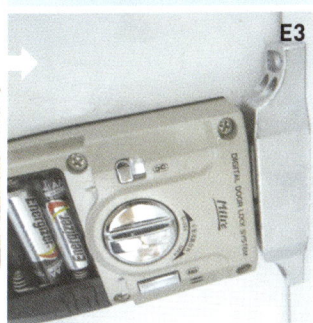

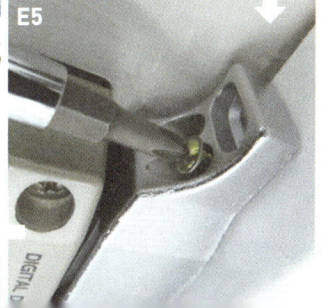

철문을 드릴로 뚫으려니 힘들어요?

철문에 나사를 고정하려면 전동드릴을 이용해서 뚫으면 되지만, 여성분이 작업하기에는 힘이 부족할 수도 있고, 소리도 너무 위협적으로 느껴질 수 있습니다. 그럴 때 방법이 있지요!

직결나사를 이용하세요! 일반나사는 철을 뚫을 수 없지만, 직결나사는 끝이 날개 모양으로 되어 있어서 구멍을 뚫지 않아도 고정이 가능합니다!(직결나사는 동네 철물점에서 구입할 수 있습니다.)

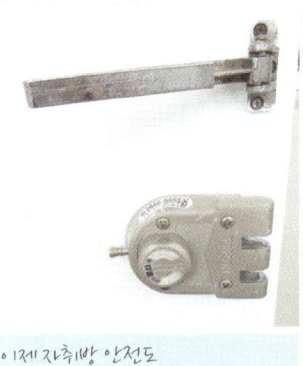

이제 자취방 안전도
내 손으로 쓱쓱!
지갑 속 돈 가출 걱정은 훌훌!

Before & After

돈 먹는 열쇠에서 든든한 지킴이로!

제이쓴이 옆에서 작업하는 거 보는데, 정말 어려운 게 없네요! 디지털도어락은 저뿐 아니라 모든 자취생한텐 은근히 애매한 존재예요. 저는 짧으면 몇 개월에 한 번씩 이사를 다니는데, 그렇다고 집집마다 새 디지털도어락을 설치할 수도 없고, 안 하자니 불안해요. 이번엔 안 되겠다 싶어서 떼어왔는데, 이렇게 설치할 수 있다니 얼마나 좋은지 몰라요!

싱기방기 자취 꿀팁
(주거공간)

향기로운 자취방 만들기

지층이나 반지하에 자취방을 마련하신 분들을 위한 꿀팁! 눅눅한 습기와 냄새가 신경이 쓰인다면 형광등에 향수를 두 번 정도 뿌려주세요. 집에 돌아와 불을 켜면 은은하고 운치 있는 느낌이 팍팍! 빛과 열을 지닌 형광등이 향수를 방 안으로 골고루 전달해주는 원리!

장판 얼룩 제거

알코올로 제거하는 방법도 있습니다만, 굵은소금으로 제거하는 게 더 효과적입니다. 얼룩이 진 곳에 굵은소금을 한 줌 올려놓고 문지른 다음, 물걸레로 닦아주세요. 눈앞에서 더러움이 사라집니다!

방바닥 기름 제거

궁핍한 살림에 간만에 고기나 생선 등을 굽게 되면 자신도 모르게 흥분하는 순간이 있습니다.(앗, 저만 그런가요?) 그렇게 흥분에 못 이겨 요리하다가 식용유 몇 방울을 흘리기도 하고요. 이럴 땐 무조건 걸레로 닦기보다 밀가루를 기름이 묻은 곳에 뿌려주세요. 밀가루가 기름을 말끔하게 빨아들입니다. 걸레에 따뜻한 물을 묻혀 닦아주면 깨끗!

구멍 난 방충망 보수법

모기를 비롯한 한여름 밤 제철 벌레들과 여러분의 살갗과의 교류가 잦아지는 것 같다굽쇼? 방충망을 확인해보니 구멍이 뚫려 있다굽쇼? 월세방에 살고 있는데, 방충망까지 새로 고쳐달 이유도, 형편도 없다굽쇼? 하지만 창문

닫고 잠을 잘 순 없는 노릇이라굽쇼? 방충망을 보수할 수 있는 제품(생활용품점 '다이소' 등에서 1,000원에 판매)이 있는 건 아세요? 덧대어 실로 꿰매면 보수 끝!

방충망 청소법

청소하기 가장 애매한 것 중 하나가 바로 방충망입니다. 신문지만 있으면 청소가 아주 간단해집니다. 방충망 한쪽 면에 신문지를 붙이고, 반대편에는 진공청소기로 먼지를 빨아들이세요. 먼지들이 옴짝달싹 도망치고 싶어도 신문지가 퇴로를 막아 진공청소기 안으로 쏙쏙 들어갑니다. 좀 더 완벽을 기하고 싶은 분들은 청소기로 청소하고 나서 스펀지나 걸레에 세제를 묻혀서 방충망을 닦아주세요.

자취방 습기 제거

굵은소금은 습기를 잡아줍니다. 이 팁 역시 반지하나 지하에서 생활하시는 분들을 위한 꿀팁! 굵은소금을 헝겊이나 천 주머니에 넣고 방향제처럼 벽에 걸어주세요. 눅눅한 지하방이 조금이나마 보송보송!

바퀴벌레 이별법

이제 그만 자취방에서 바퀴벌레와 이별하고 싶으신 분들은 지금 당장 설탕, 달걀, 붕산을 준비하세요.(붕산은 약국에서 1,000원 안팎으로 구입 가능.) 바퀴벌레에게 선사할 최후의 만찬을 만들 거랍니다. 달걀을 푹 삶고, 노른자만 쏙 빼서 으깨어 설탕, 붕산과 함께 섞어주세요.(설탕과 붕산을 1:1 비율로.) 쿠킹호일을 찢어서 작은 접시를 만들어 바퀴벌레의 발자취가 느껴질 만한 곳에 놓아두세요. 그리고 바퀴벌레와 이별할 마음의 준비를 하세요.

사각지대에 떨어진 귀걸이, 반지 찾기

화장대에서 귀걸이나 반지를 착용하다가 좁은 틈새로 빠지는 황당한 순간 겪어보셨어요? 몇 개밖에 소유하고 있지 않은 귀한 금붙이를 내버려둘 순 없지요! 청소기 끝부분에 스타킹을 덮어주고, 귀걸이나 반지가 행방불명된 곳에 대고 '최강'으로 작동해보세요. 스타킹에 반짝이는 무엇인가 달려 나올지 모릅니다.

집 안 페인트 냄새 제거

제가 가르쳐드린 페인트 작업 해보셨어요? 내부수성용 페인트라고 해도 고유의 냄새가 있기 때문에 후각이 예민하신 분들은 얼마 동안 힘들어하실지 모르겠습니다. 그런 분들을 위한 꿀팁! 유독 냄새가 심하다 싶은 곳에 양파를 놓아두세요. 양파와 페인트의 대결 덕에 냄새가 중화됩니다.

자취방 벽에 곰팡이 방지하기

습기가 유독 많이 차는 자취방이 있습니다. 방을 옮길 수 없다면 곰팡이를 차단하는 것이 급선무겠죠? 물과 알코올을 5:1의 비율로 섞어서 분무기로 벽에 뿌리면 곰팡이가 피는 것을 사전에 막을 수 있습니다.(알코올은 약국에서 1,000원 안팎으로 구입할 수 있습니다.)

감성 돋는
자취방을
만드는
디테일
인테
리어

스위치, 콘센트 교체

디테일에 강한 인테리어가 진짜 인테리어!

의뢰인 여성/ 33세/ 교사
주거형태 복도식 아파트 11층(20층 중)/ 10평
공간특징 아파트 연식을 증언해주듯 스위치, 콘센트가 오래되었음. 하지만 이사 전 수리를 해서 전체적으로 깔끔한 집.

의뢰내용

제이쓴 블로그를 드나들며 유용한 정보를 얻고 있는 1인입니다. 인테리어에 대해 이모저모 알려줘서 페인트나 시트지 작업은 나도 할 수 있겠다 싶은 자신감이 듭니다. 저는 저희 집을 화이트 컨셉으로 벽지까지 흰색 톤으로 바꿨어요. 그런데 싹 바꿔놓고 보니 오랜 세월의 때가 묻은 스위치와 콘센트가 눈에 보이지 뭐예요! 전혀 생각 못 했는데, 이 누리끼리한 게 벽지의 얼룩처럼 보이니까 어떻게든 손을 좀 봐주고 싶어요. 하지만 아무래도 전기 쪽이라 겁은 나고, 누구 불러다가 바꿔달라고 하기도 뭐하고……. 스스로 스위치 바꿀 수 있는 방법은 없을까요?

의뢰인께서는 화이트 컨셉으로 꾸민 벽지 속에 자리 잡은 누런 스위치와 콘센트의 존재는 마치 목구멍에 박힌 생선가지처럼 느껴진다고 호소하셨습니다. 저도 실제로 가서 확인해보았습니다만, 참말로 색깔이 너무하더만요! 가까이서 봤더니 더욱 가관이었습니다.(장갑이라도 끼고 스위치 눌러야 할 분위기.)

이처럼 인테리어 작업을 하다 보면 전혀 예상치 못한 곳을 뒤늦게 발견하기도 합니다. 기본을 장착하면 디테일한 요소들이 하나둘 보이기 마련이지요. 디테일을 가미하다 보면 인테리어는 점점 완성에 가까워지게 됩니다.

이번에는 기본적인 회로 지식 없이도 스위치와 콘센트를 안전하고 깔끔하게 교체하는 방법에 대해 알려드리겠습니다.

준비물과 비용

준비물	비용	파는 곳
스위치 콘센트 1개	1,500원부터	생활용품점, 동네 전파사 등
콘센트, 콘센트 보조대 1개	1,500원부터	생활용품점, 동네 전파사 등
& 십자드라이버, 일자드라이버, 코팅장갑(혹은 절연장갑), 커터칼		
	총 3,000원	

작업멘트

※ 콘센트는 '다이소' 같은 생활용품점이나 동네 철물점에 가면 개당 1,500원에 구입할 수 있습니다. 집 안 구석구석 스위치를 모두 바꾸고 싶다면 한 곳에서 구매하면 통일성을 이룰 수 있습니다.

※ 전원 콘센트 역시 철물점, '다이소' 같은 곳에서 1,500원대로 구매할 수 있습니다.

작업시간

콘센트, 스위치 한 세트 교체를 기준으로 약 20분 정도 걸림

▶

내 몸 안전이 최우선, 벽지 안전도 최우선!

전기와 관련된 인테리어 작업(스위치, 콘센트, 조명 교체 등)을 하기 전에는 반드시 전원차단기(일명 '두꺼비집')의 스위치를 꺼야 합니다.**A** 이렇게 해놓으면 설령 전기선을 잘못 연결하거나 잘못 잡는다고 해도 사고를 방지할 수 있습니다. 백번 강조해도 부족하지 않습니다. 안전이 최우선!

자, 이제 본격적으로 콘센트에 메스를 들이댑니다.(비유 아님, 진짜 커터칼!) 헌데 일반적인 상식으로 전기를 만지는 데 칼이 필요할까 궁금증이 생길 수 있어요. 여러분의 콘센트와 벽지를 잘 살펴보면 아시겠지만, 원래 도배를 할 때는 스위치 커버와 콘센트 커버를 벗겨내고 벽지를 발라야 합니다. 하지만 커버 위에다 도배를 한 경우가 대부분일 거예요. 이렇게 벽지 작업이 된 곳이라면 콘센트, 스위치 커버를 제거하려다가 의도하지 않게 벽지를 찢을 수 있습니다. 벼룩을 잡으려다 초가삼간 태우는 격이 될 수 있다는 말이죠. 칼로 깔끔하게 커버 테두리를 따라 벽지와 분리해주세요.**B1**

스위치 커버 밑쪽을 보면 조그만 틈이 있을 겁니다. 일자 드라이버를 틈에 끼우고 앞쪽으로 당겨주면 뽕 하고 커버가 벗겨집니다.**B2** 위아래 나사를 풀고 스위치 틀을 당겨주세요.**B3-5** 전선이 색깔별로 구분이 잘되어 있죠? 하지만 처음 스위치를 분해하는 분이라면 아마 정신이 혼미해질 겁니다. '아니 대체 빨간색은 뭐고, 노란색은 뭐지? 벌써부터 눈이 돌아갈 것 같애!' 하고요. 여러분, 전혀 걱정할 것 없습니다. 사실 제가 봐도 어렵고 난해하게 생기긴 했어요. 하지만 외모가 난해하다고 그 사람 마음씨까지 난해하다고 판단하면 난해하게 생긴 사람 얼마나 억울하겠어요? 제가 알기 쉽게 설명해드릴게요.

A 두꺼비집은 잠시 강제 취침!

B1-6 칼로 테두리를 그어 커버와 벽지를 분리하고, 스위치커버 밑에 일자드라이버를 넣은 상태에서 앞으로 당겨 커버를 벗깁니다. 위아래 나사를 풀고, 잡아당기면(B3-5) 스위치 속의 여러 전선이 보입니다.

우선 긴장되고 복잡한 마음을 내려놓을 겸 손에서 스위치 틀을 내려놓고 새 콘센트커버를 준비합니다. 상단을 눈여겨보면 '상上'이라는 방향을 확인할 수 있습니다.**C1-2** 보통 스위치를 교체하고 나서 작동을 해보면 반대로 되는 경우가 있어요. 가령 아래쪽 스위치를 눌렀는데, 위쪽 조명이 켜지는 색다른 상황에 직면할 수 있다는 말씀. 바로 '상'으로 표시된 것이 스위치 아래쪽으로 들어간 경우입니다. 이런 재미있는 상황을 겪고 싶지 않다면 꼭 확인해두시기 바랍니다.

▶▶
**외모만 난해한 전기선,
속은 단순심플 순정남!**

이제 잠시 손에서 놔두었던 스위치 틀을 만져볼까요? 제 의뢰인 같은 여성분들은 특히 전기선을 만지는 것에 부담스러움을 넘어 두려워하기까지 하는데, 제 오른손목을 걸고 쉽다는 말씀을 감히 드려봅니다. 오히려 남자보다 디테일에 능한 여성분들이 꼼꼼하고 안전하게 뚝딱 해내는 것이 바로 전기와 관련된 인테리어가 아닐까 싶기도 하네요. 사진에서 빨간색 동그라미가 보이죠? 여기에 홈이 보일 겁니다.**D1** 일자 드라이버로 꾹 누르기만 하면 선이 빠집니다. 오른쪽 위, 아래, 왼쪽 위, 아래 도합 네 개의 홈이 있는데, 선을 모두 빼서 새 콘센트에 옮겨주세요.**D2** 반드시 지켜야 할 사항! 같은 자리에 있던 걸 새 콘센트에 연결해주셔야 합니다! 그리고 사진 속에 구리선 보이시죠?(노란색 소매 삐져나온 구리빛 팔!) 구리선은 새 콘센트 깊숙이 넣어주세요. 선이 보이지 않을 만큼 깊이깊이 넣어주세요.**E1-5**

C1-2 새 콘센트커버 오른쪽 모서리에 '상' 자에 주목!

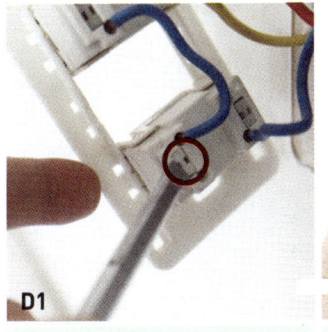

D1-2 빨간색 동그라미 안에 홈이 보이시죠? 전선은 같은 색깔, 같은 자리에 연결.

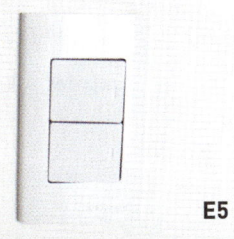

E1-5 구형 콘센트에 있는 점프선을 신형 콘센트의 같은 자리에 연결(E2) 나사를 조이고, 겉커버를 붙여주면 끝!

▶▶▶
**스위치보다
다루기 더 간단한
콘센트**

이번엔 콘센트를 살펴볼까요? 스위치를 달고, 의뢰인의 집 안 벽지를 둘러보다가 발견한 것은…… 콘센트인 듯 콘센트 아닌 콘센트 같은 너! 크하하, 제 모습은 아는지 부끄러운 듯 소심하게 한쪽에 자리 잡고 있더라고요!**F1**

콘센트를 바꾸기에 앞서 다시 한 번 강조합니다. 스위치, 콘센트, 조명등을 교체할 때 반드시 전원차단기(일명 두꺼비집)을 꺼줘야 합니다!

콘센트 교체는 앞서 스위치를 교체해본 분이라면 손쉽게 할 수 있을 겁니다. 콘센트 하단에 있는 홈에 일자 드라이버를 넣고 앞으로 당겨주세요! 저는 힘 조절이 안 된 듯, 콘센트 깨트리는 건 태어나서 처음 있는 일!**F2**

콘센트 틀을 당겨놓고 보니 훨씬 마음이 여유롭죠?**F4** 스위치와 다르게 더욱 단순한 콘센트! 스위치는 기본 선이 두 개 이상 이루어져 있지만, 2구 콘센트 기준으로 선이 달랑 두 개밖에 없는 거 보이시죠?

사진에서 빨간색 동그라미 안에 홈이 있습니다.**G1** 이 부분을 툭 하고 누른 다음 전선을 빼주세요. 그리고 구형 콘센트에 꽂혀 있는 전선을 신형 콘센트에 그 자리 그대로 연결합니다.**G2-4**

이제 콘센트를 제자리에 넣어주는 일만 남았네요. 하지만 무심결에 콘센트를 넣었다가 제자리에 들어가지 않아서 적잖게 당황하는 분들이 많을 겁니다. 바로 구형 콘센트와 신형 콘센트의 구조상의 차이 때문에 벌어지는 일이죠.**H1**

구형은 콘센트 나사를 조이는 부분과 벽에 고정하는 나사가 앞으로 나와 있습니다. 반면 신형 콘센트는 앞쪽이 아니라 뒤쪽에 있습니다. 때문에 신형으로 바꾸다 보면 벽과 콘센트 사이에 빈 공간이 생기는 황당한 일이 벌어

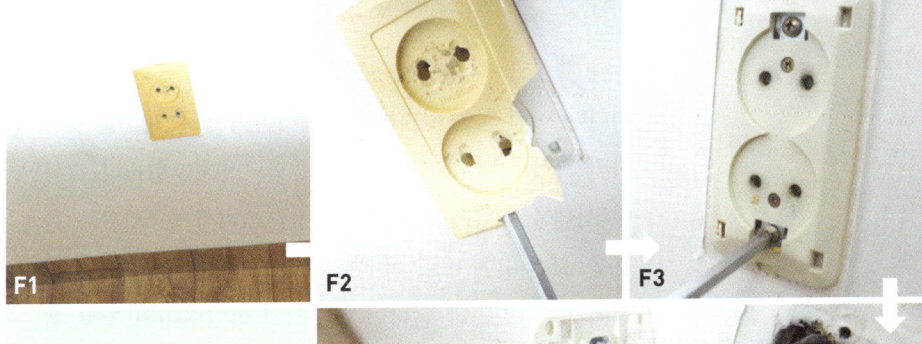

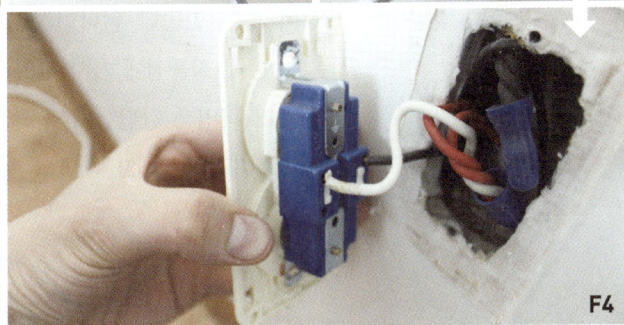

F1-4 콘센트 하단에 드라이버를 넣고 분리하고, 위아래 나사를 풀고 콘센트를 당기면 전선 두 개가 보입니다.

G1-4 홈을 누르고 전선을 빼주세요. 구형 콘센트의 전선을 신형 콘센트의 똑같은 자리에 연결합니다. 검은 선부터 해주세요.

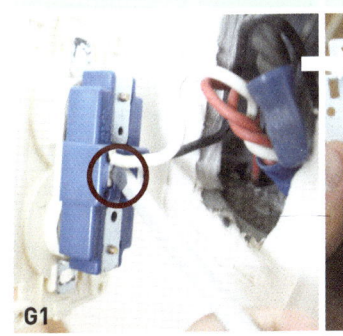

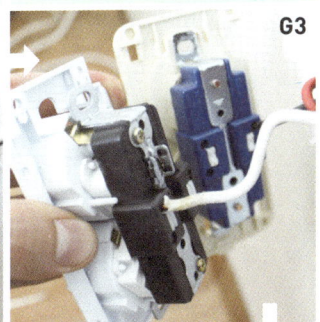

집니다. 이런 일을 방지하기 위해서는 구형 콘센트를 구입하면 되겠지요? 하지만 생산이 중단되었다고 합니다. 그럼 이 사태를 어떻게 하면 좋을까요? 여기서 또 해결사 한 분을 모십니다. 바로 콘센트보조대! 콘센트를 구입하면 같이 들어 있는데, 없다면 당황하지 말고 500원 정도 챙겨서 동네 철물점에 가서 구입하면 끝!

마무리 작업은 간단합니다. 하지만 여러분을 위해 디테일하게 설명해드릴께요. **H1-7**

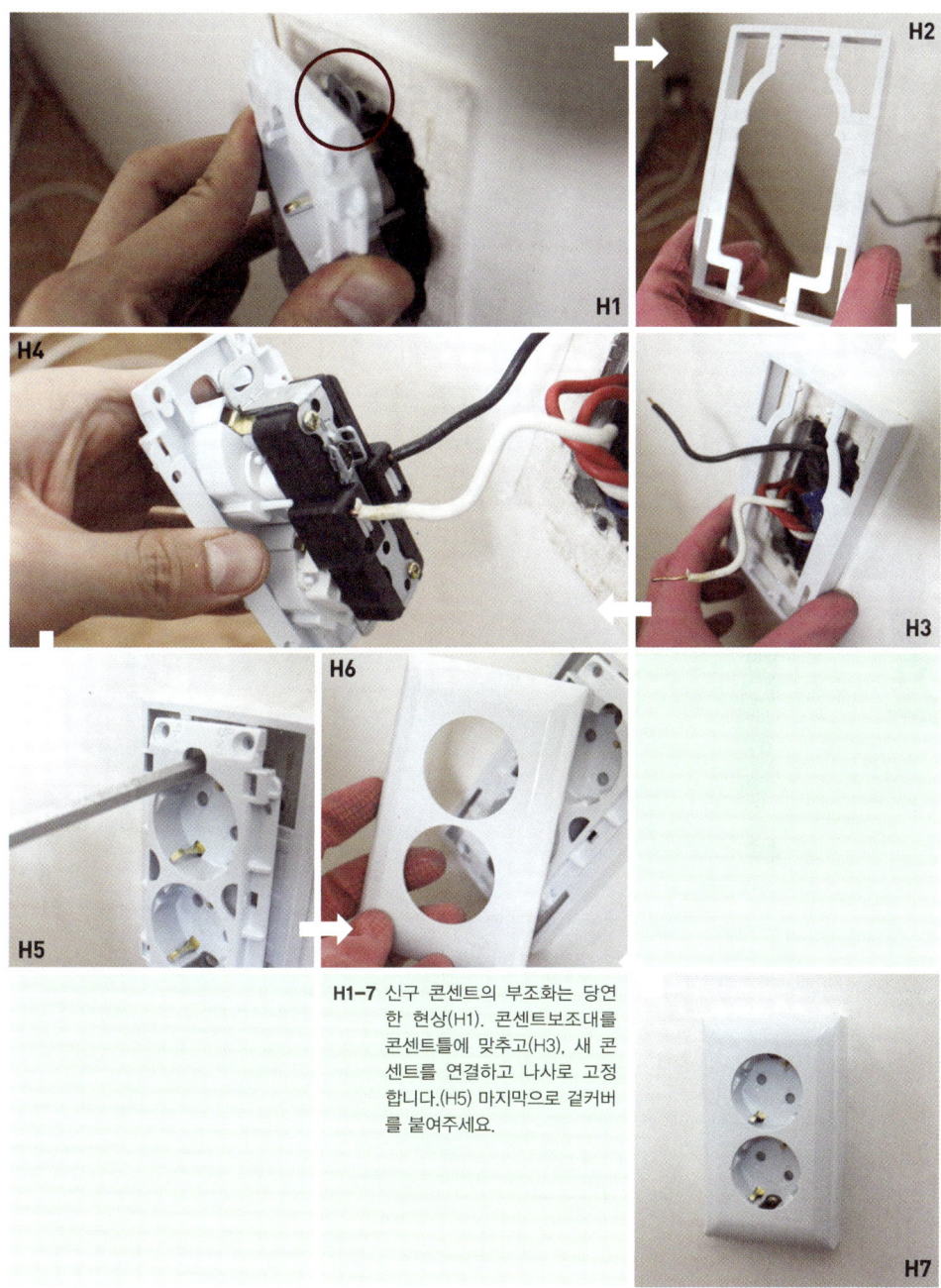

H1-7 신구 콘센트의 부조화는 당연한 현상(H1). 콘센트보조대를 콘센트틀에 맞추고(H3), 새 콘센트를 연결하고 나사로 고정합니다.(H5) 마지막으로 겉커버를 붙여주세요.

전기선 세 개짜리 콘센트 다루기

의뢰인의 집에 있는 콘센트와 달리 어떤 자취방에는 콘센트 선이 세 개가 있는 경우도 있습니다. 아래 사진에서 세 가지 색 중 특히 초록색 선을 눈여겨봐주세요. 두 개의 선은 전원과 연결되어 있고, 초록색 선은 접지선이라고 해서 감전사고를 예방해주는 역할을 합니다. 접지선이 있으면 사진과 같이 초록색으로 표시 되어 있으니까 선을 그대로 연결해주면 끝!

디테일의 차이가
자취방 인테리어의 품격을
높여줍니다!

Before &After

5,000원도 안 되는 돈으로 무드 잡기!

제이쓴이 옆에서 하는 거 보니까 정말 간단한 거였는데…… 그래도 여자들이 전기선 만지는 거 얼마나 부담스러웠는지 알아줬으면 해요. 그나저나 제이쓴, 스위치하고 콘센트만 갈았는데도 효과가 엄청나네요! 5,000원도 안 되는 돈과 수고만 더하면 인테리어가 확 살아나는 분위기라니!

조명등 교체

인테리어의 90%는 '조명 빨'이 맞습니다

의뢰인 남성/ 26세/ 군 장교 전역
주거형태 빌라 반지하(3층 중)/ 11평/ 햇볕이 잘 안 드는 편.
공간특징 반지하지만, 창이 크고 많아서 환기는 잘됨. 햇빛이 잘 안 들고, 오래되어 내부가 낡은 느낌.

의뢰내용

요즘 레일등이 유행이잖아요. 형광등을 레일등으로 교체하고 싶은 마음에 재료는 진즉 샀습니다. 근데 처음 작업해봐서 그런지 선뜻 손이 안 가네요. 전기를 만지는 거라 겁도 좀 나고요! 어떻게 해야 할지 모르겠어요. 제이쓴이 쉽게 설명해주시면 좋겠습니다!

제이쓴의 진단

아무리 셀프라고 하지만, 전기와 배선에 관련된 것만큼은 손대기가 참 만만치가 않아요, 그죠? 전기사고도 사고려니와 행여 사람을 불러야 하는 일이 벌어진다면 셀프인테리어 하려다가 수리비가 더 크게 나오는 불상사가 벌어질지도 모르고요.

하지만 여러분, 대한민국의 전기 안전 시스템은 생각보다 훨씬 안전합니다. 처음만 어려울 뿐, 지켜야 할 것만 지키면 다른 작업에 비해 어렵지 않습니다, 절대로!

아시는 분은 아시겠지만, 인테리어 완성은 조명빨! 헌데 의뢰인은 재료까지 사놓고 교체를 못 하고 계시다니! 듣는 제가 다 안타깝네요.

이번에는 남성분들뿐 아니라 여성분들도 혼자서 씩씩하게 레일등을 바꿔달 수 있는 방법을 가르쳐드리겠습니다.

준비물과 비용

준비물	비용	파는 곳
레일등 2개	8,380원부터 (개당 4190원)	오픈마켓 (11번가→베스트조명)
1m 레일, 레일부속품(나사는 제품에 딸려옴) & 십자드라이버	6,500원	오픈마켓 (11번가→베스트조명)
	총 14,880원	

팬던트 등(84쪽 참조)

준비물	비용	파는 곳
스타 3등 팬던트 화이트	48,000원	프로라이팅 (www.prolighting.co.kr)

작업멘트

※ 레일은 m 단위로 살 수 있습니다. 필요한 만큼 구매하세요.

작업시간

약 30분 정도.

00:30

▶
**자인친
(자취생
인테리어의 친구),
레일등!**

여러분의 자취방 조명등은 어떻게 생겼나요? 저도 근래에 알았는데, 동그란 형광등의 자취방 점유율이 50%가 넘는다고 합니다. 길쭉한 형광등까지 합세하면 자취방 조명등의 점유율은 거의 형광등 형제자매들이 대부분 차지하겠죠?(제이쓴의 자취방도 멋대가리 없는 동그란 형광등이었다는 사실은 비밀로 해주세요!)

의뢰인의 말마따나 요즘 레일등이 유행입니다. 다른 조명등에 비해 레일등은 이상하리만치 가격이 저렴합니다. 생긴 것도 세련되어 보이죠. 게다가 좌우, 위아래로 움직임이 자유로워서 방은 물론 주방에까지 다는 분들도 많습니다. 갤러리나 카페에서도 심심찮게 레일등이 보이더라고요. 주머니 가벼운 자취생들에게 부담 없이 추천해줄 조명등이 바로 레일등입니다.

▶▶
**형광등의
실체를
벗깁시다**

콘센트나 스위치, 조명등 같은 전기선을 만지는 작업을 하기 전에 꼭 해야 할 일이 있습니다. 앞의 「스위치, 콘센트 교체」(63쪽) 편을 일독한 분은 아시겠지만, 못 읽은 분들을 위해 다시 한 번 알려드립니다. 반드시 전원차단기(일명 '두꺼비집')를 내려주세요.**A**

이제 형광등에게 다가가 보죠. 형광등을 빼고 보면 양쪽에 나사가 두 개 보입니다. 십자드라이버로 호르륵 풀고 메인 전기전 두 가닥까지 분리해주세요!**B1-4**

▶▶▶
**레일등은 까칠남?
알고 보면
너무 쉬운 남자!**

형광등은 잠시 저 상태로 놔두고 레일등을 살펴보겠습니다. 먼저 등을 한쪽 레일부속품에 끼워넣고 조립을 합니다.**C1-3** 헌데 사진을 보아하니 등이 쉽사리 레일에 들어가지가 않을 태세네요. 당황스러우시겠지만, 이것은 지극히

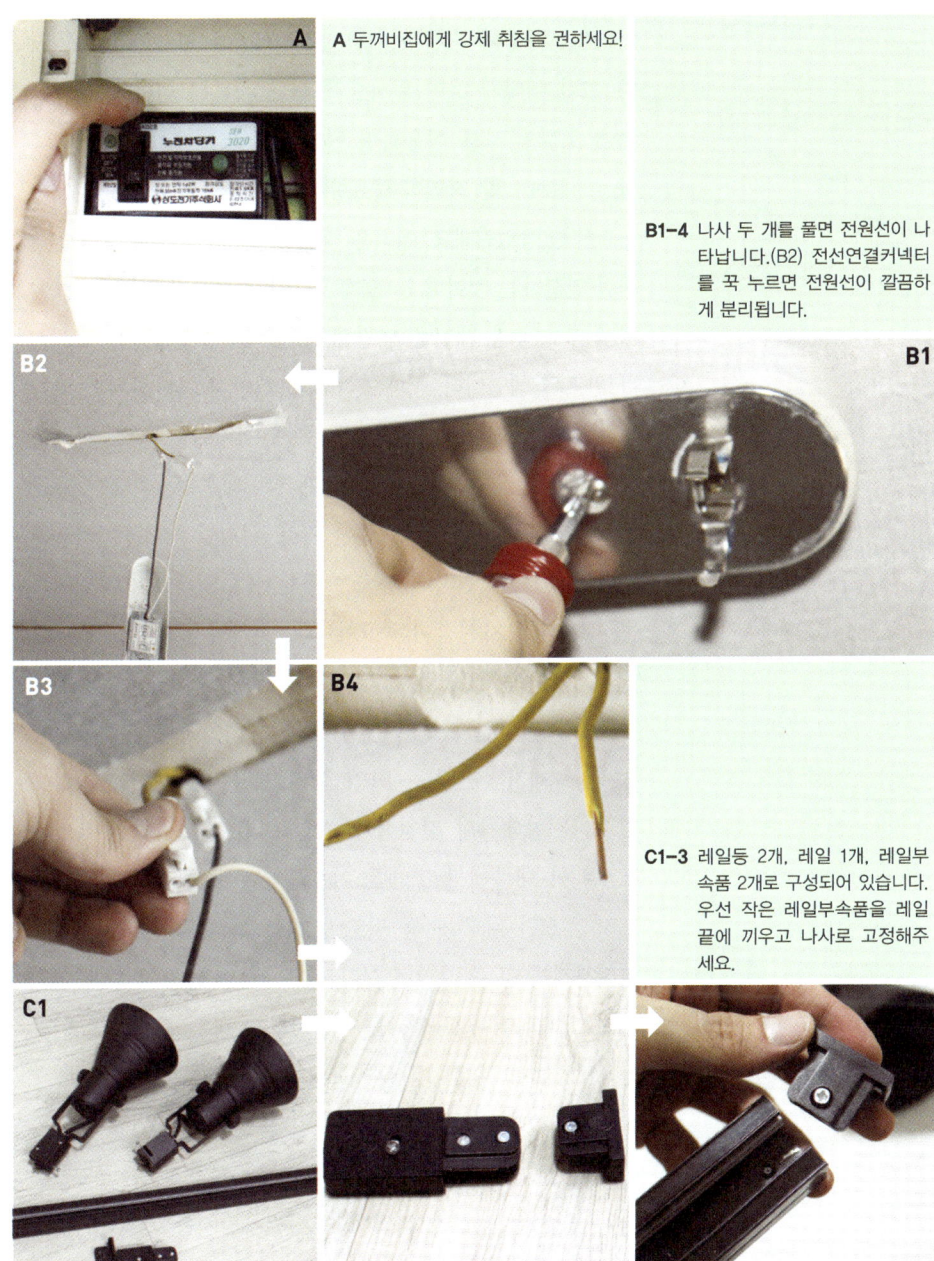

A 두꺼비집에게 강제 취침을 권하세요!

B1-4 나사 두 개를 풀면 전원선이 나타납니다.(B2) 전선연결커넥터를 꾹 누르면 전원선이 깔끔하게 분리됩니다.

C1-3 레일등 2개, 레일 1개, 레일부속품 2개로 구성되어 있습니다. 우선 작은 레일부속품을 레일 끝에 끼우고 나사로 고정해주세요.

정상! 레일등은 레일을 따라 움직임이 가능한 구조로 되어 있기 때문에 그런 거니까 절대 걱정할 필요가 없습니다. 그럼 어떻게 하면 될까요? 의외로 간단합니다. 레일등 끝에 조절 나사를 이용하면 됩니다.**D1-3**

자, 이제부터 할 작업이 중요합니다. 전기의 전원과 레일을 연결하는 작업인데요, 어려운 작업은 아니지만 전원과 등을 직접 연결하는 것이니 눈 크게 뜨고 집중해주세요.**E1-3**

이제 부속품과 레일을 연결해주기만 하면 실질적인 교체가 완료된 셈입니다. 어때요, 허무하리만치 간단하지 않나요? 실제로 오지랖프로젝트를 통해 전기선을 함께 작업하면 의뢰인 열이면 열 모두 이게 끝이냐는 듯 황당한 표정을 지으세요. 전기와 관련된 거라 '위험할 거다', '어려울 거다' 하는 선입견이 작동되는 듯합니다. 인테리어 작업에는 호기심과 자신감이 중요합니다. 전기와 관련된 인테리어 작업에서는 그 미덕이 더더욱 중요하고요!

자, 그럼 전원선과 연결된 부속품을 레일에 연결해볼까요?**F1-4** 제가 설명하는 작업 중에 레일을 천장에 고정하지 않은 상태에서 전원선과 연결하라고 하는 과정이 있죠?**F2** 이 대목에서 고개를 갸우뚱거리며 '천장에 고정해두지 않으면 나중에 등 달고 고정할 때 힘들지 않을까?' 염려하시는 분 혹시 있으신가요? 이 정도 눈치 있는 분이라면 인테리어나 집수리는 어느 정도 해본 분이라고 인정해드립니다! 저는 천장에 고정하기 전에 레일이 전원에 잘 연결되었는지 확인하려는 것입니다. 간혹 레일이 불량하거나 접촉이 불량할 수 있습니다. 이 과정에서는 꼭 전원 부속품을 연결한 다음에는 전원차단기를 켜고, 전원콘센트를 올리고 작동이 되는지 먼저 확인해보세요. 설치

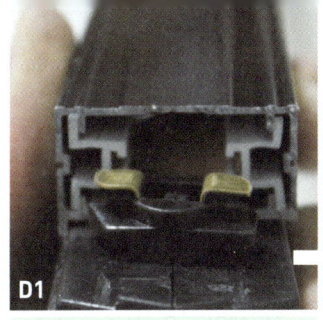

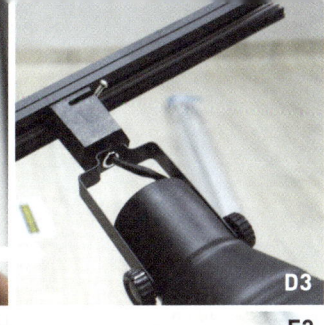

D1-3 레일과 레일등은 원상태에서는 조립이 안 됩니다.(D1) 나사를 밀어서 레일에 등을 넣어주세요.

E1-3 빨간 화살표의 나사를 풀고 전원선을 나사에 감아주세요.

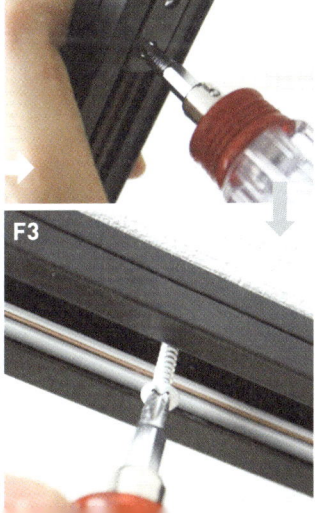
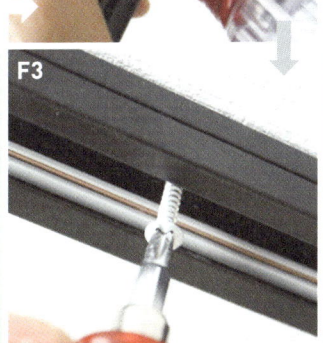

F1-3 풀었던 나사(E1)를 다시 조이고, 레일부속품을 나사로 고정한 다음 레일과 연결하세요.(F2) 조명등 작동 여부를 확인한 다음 레일을 천장에 고정하면 됩니다.

까지 했다가 불이 안 들어오면 다시 해체하는 '노가다'를 강제로 즐겨야 하는 불상사가 벌어진답니다!

▶▶▶▶
조명등 교체 어렵지 않아요, 레일!

레일등 설치가 의외로 쉽다고 하시는 분들은 웬만한 조명등은 겁내지 않으셔도 됩니다. 사실 레일등은 부속품과 레일을 연결하는 과정이 있어 조명등 작업치고는 할 게 많은 편입니다. 제가 초보자분들의 눈높이에서 설명하다 보니 자세하게 말씀드렸는데, 실제로 해보면 어렵지 않다는 걸 아실 겁니다. 다른 조명등은 레일등을 설치하는 것보다 훨씬 간단합니다.

기존 조명등 제거하는 방법은 앞에서 설명드렸죠? 원래 있던 조명등이 제거된 상태에서 설명드릴게요.(기억이 가물가물하신 분들은 80쪽을 다시 한 번 읽어보세요.**B1-4**) 레일등과 함께 인기를 끌고 있는 팬던트 등을 설치해보겠습니다. **G1-5**

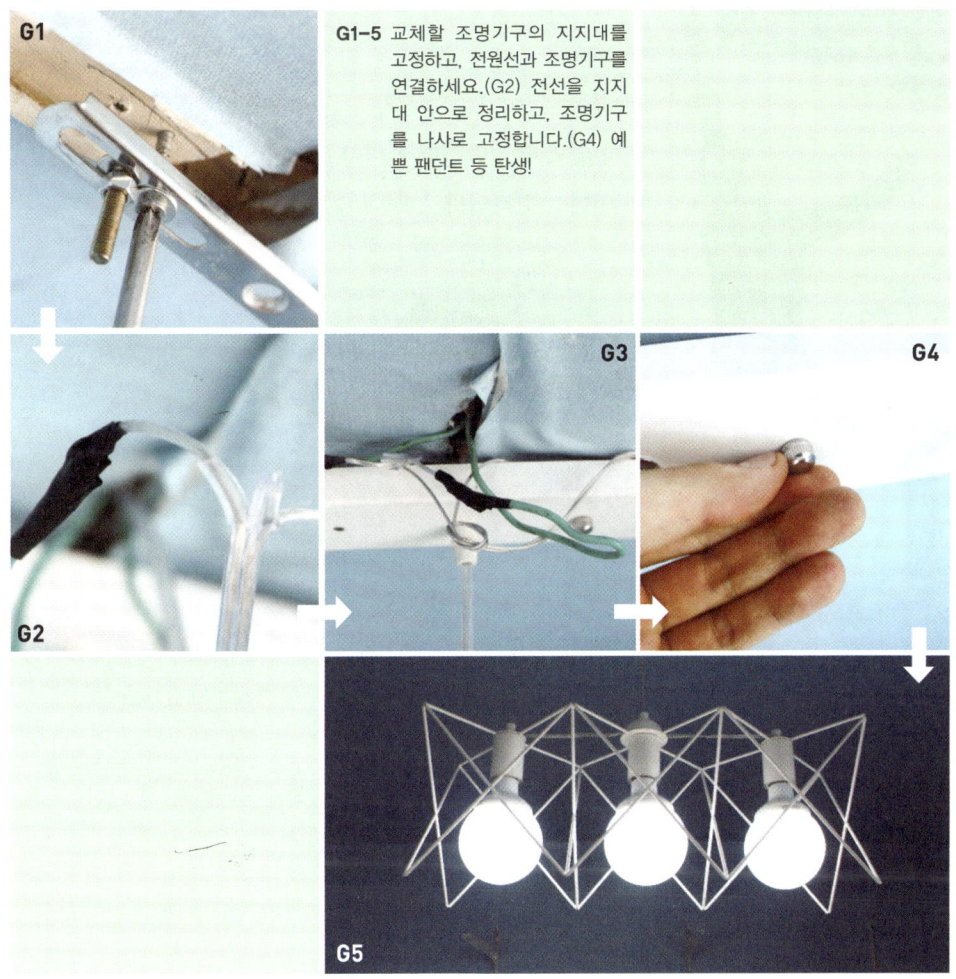

G1-5 교체할 조명기구의 지지대를 고정하고, 전원선과 조명기구를 연결하세요.(G2) 전선을 지지대 안으로 정리하고, 조명기구를 나사로 고정합니다.(G4) 예쁜 팬던트 등 탄생!

'구리선 연결'은 야무지고 꼼꼼하게!

부속품과 구리선(전원선)을 연결할 때 구리선이 너무 길어서 잘 안 들어가는 경우가 있습니다. 이럴 땐 니퍼를 이용해서 알맞게 절단하면 됩니다. 안전에 꼼꼼하게 신경 쓰면서 인테리어 작업하기, 절대 잊지 마세용!

느슨하면 안 돼요!!

구리선을 야무지게 넣어주세요!

또 하나 꼭 명심해야 할 안전수칙!
구리선이 안 보일 정도로 바싹 연결해주세요! 느슨하게 연결하면 전선으로 인한 사고가 벌어질 수 있습니다. 위의 오른쪽 사진처럼 반드시 꼼꼼하게 연결해야 합니다.

조명등만 바꿔줘도
지하방 분위기가 삽니다!

Before & After

인테리어 90%는 조명빨(?)이란 명언을 깨닫는 순간!

(의뢰인은 굉장히 만족스러운 웃음과 눈짓을 보냈는데, 상남자 스타일이라 심하게 과묵합니다. 다음은 제가 그의 웃음과 눈짓만으로 읽은 그의 속마음. 물론 추측입니다) 대박! 제이쓴! 조명만 바꾼 건데 우리 집이 갤러리 같아졌어요! 인테리어는 90% 조명빨이라더니, 거짓말은 아닌 것 같아요! 레일등 재료를 사놓기만 하고 발만 동동 굴렀는데, 제이쓴에게 은혜를 입었네요. 이 은혜, 레일등 달고 싶지만 발 동동 구르는 친구 생기면 베풀게요. 제이쓴曰

선반 달기

6만 원으로 자취방에 품격을 불어넣다

의뢰인	33세/ 여성/ 직장인
주거형태	복도식 아파트 10층(20층 중)/ 10평
공간특징	전형적인 남향으로 채광, 환기 모두 굿굿!

의뢰내용

언제부터인가 화장실 옆에 위치한 공간이 자꾸 눈에 들어옵니다. 그냥 두고 살기엔 뭔가 허전해서 액자를 걸어봤는데, 실용적이지 못한 것 같더라고요. 그래서 큰 맘 먹고 찬넬 선반을 설치해보려고 시도해봤는데, 어휴, 이게 웬걸요. 수평 맞추는 것부터 벽 뚫는 것까지…… 도무지 어디서부터 뭘 손대야 할지 막막하네요. 인터넷으로 봤을 땐 굉장히 쉬워 보였는데, 직접 하려니까 보통 일이 아니더라고요. 제이쓴, 무슨 방법이 없을까요?

제이쓴의 진단

그냥 놔두자니 아깝고, 뭘 꾸미자니 공간은 안 나오고. 이 야기를 들으니 딱 어디인지 알겠네요. 보통 아파트에서 흔히 볼 수 있는 공간이죠. 화장실 문 옆 빈 공간!

이 공간에 찬넬 선반을 만들면 수건이나 생활용품들을 진열할 수 있습니다. 책뿐만 아니라 인테리어, 소품 등을 놓기에도 안성맞춤이죠.

이런 자투리 공간에 뭔가를 꾸며볼 생각을 한 것 자체가 인테리어에 대한 감각이 살아 있다고, 꼭 말씀드리고 싶습니다. 제이쓴은 그 감각에 점수를 주고 싶습니다.

아이디어는 구비되셨는데, 실천이 어려운 상황이라니! 걱정 마세요. 수평 맞추기부터 전기드릴 사용법까지 제가 꼼꼼하게 알려드리겠습니다.

준비물과 비용

준비물	비용	파는 곳
찬넬 선반 세트(3단)	60,000원부터	오픈마켓 (G마켓, 11번가 등)
칼블록(앙카) 4개	800원 (개당 200원)	동네 철물점
전동드릴	1,000원부터 (대여료)	주민센터, 동네 공업점, 아파트관리소 등에서 대여 가능
십자드라이버, 커터칼, 포스트잇 2~3장, 망치		
	총 61,800원	

작업멘트

※ 찬넬은 본인의 취향에 맞게 구입하세요.

※ '가난한 자취생이 전동드릴 살 돈이 어디 있어서 드릴 준비하라고 드립치느냐' 하는 항변이 들리는 듯합니다. 여러분, 사지 않으셔도 됩니다! 디지털도어락 설치할 때 전동드릴 빌리는 방법을 설명드린 적이 있는데, 기억하세요?(기억 안 나시는 분은 51쪽을 참조해주세요.) 동네 주민센터에 가면 1,000원에 빌릴 수 있습니다.(단 지역별로 대여료나 대여공구가 다를 수 있으니 방문 전에 꼭 전화해보세요.) 아파트에 거주하고 있다면 관리사무소나 경비실에 문의해보세요. 동네 공업점에서도 대여해줍니다. 하지만 요금은 주민센터보다 더 세요!(하루 대여 기준 5,000원부터)

작업시간

3단 찬넬 기준으로 약 1시간 이내.

▶
잘못 뚫은 벽 구멍 리셋하기

"제이쓴! 근데 잘못 뚫은 구멍들은 어떻게 하죠?"
의뢰인의 집을 찾아가봤더니 나름 작업을 하기 위해 애를 쓴 흔적이 보였습니다. 헌데 선반을 달기 위해 전동드릴로 벽에 구멍을 뚫었는데, 위치와 높이가 맞지 않고, 배열도 고르지 않았습니다.**A** 의뢰인도 이 점이 상당히 신경이 쓰인 모양이었습니다. 작업하기 전에 먼저 잘못 뚫은 구멍을 메워야 했습니다. 이럴 땐 'spakling paste'라고 불리는, '메꾸미' 같은 제품을 이용하시면 좋습니다. 자취생이 사치를 부려도 부담 없는, 주로 2,000~3,000원대 제품을 판매하는 생활용품점에서 구매할 수 있답니다. 이걸 구멍에 바르고 마른 걸 확인한 다음 사포로 벽 표면을 정리해 주면 끝! 며느리는 물론 엄마, 아빠 그리고 집주인도 모른다는 감쪽같은 마법!

▶▶
찬넬의 수평은 필수, 벽 재질 확인은 의무

우선 찬넬을 설치할 만한 적절한 공간을 찾습니다. 그리고 찬넬 선반인 나무로 선반의 위치를 어림잡아 연필로 표시해두세요. 인테리어 작업을 하다 보면 눈대중으로 해도 대세에 지장이 없는 경우도 있지만, 이처럼 정확성을 유지하는 작업은 꼭 신경을 써야 합니다.
그런데 수평자 같은 기구 없이 어떻게 수평을 유지할 수 있을까요? 만약 멀찍이서 눈대중으로나마 수평이 맞는지 안 맞는지 이야기해줄 형제자매나 친척, 친구, 친구의 친구도 없는 상황에서 혼자 작업이 가능할까요? 당연히 할 수 있습니다. 이때 요긴하게 쓸 수 있는 것이 바로 21세기 문명의 척도, 스마트폰! '수평계', '수평계측정기', '수평자', '수평계 어플' 등을 다운받아서 사용하세요.**B1-2**

A 태생이 잘못된 구멍들 발견! '메꾸미'로 정리해주세요

B1-2 스마트폰으로 수평을 맞추고, 전동드릴을 작동하기 전에 뚫을 곳에 꼭 표시를 해주세요.

▶▶▶
**칼블록은 선반의
든든한 버팀목**

못을 한 번 박으면 될 텐데, 굳이 전동드릴로 구멍을 내고 칼블록(일명 '앙카')까지 하는 건 어떻게 보면 너무 복잡해 보이지 않나요? 저 제이쓴도 나름 심플하고 깔끔한 걸 좋아하는 편이지만, 선반을 달 때는 꼭 칼블록을 챙깁니다.**C1** 망치로 못을 고정하면 벽에 균열이 생길 수 있습니다. 그렇게 되면 못이 빠져나올 수 있어요! 못이 빠지면 선반같이 무게 있는 것들이 공중에서 좀 버텨줬으면 좋겠는데, 아쉽게도 중력 따위에게 이길 수 없는 게 현실이잖아요. 칼블록을 사용하면 벽에 못을 단단히 박아둘 수 있습니다. 찬넬같이 무게가 있는 선반을 달고 싶다면 꼭 칼블록을 사용해야 합니다.

의뢰인이 찬넬을 걸고 싶은 공간의 벽을 두드려보니 재질이 콘크리트로 되어 있더군요. 해서 저는 전동드릴의 콘크리트용 비트를 사용했습니다. 전동드릴의 비트 또한 벽의 재질에 따라 선택해줘야 합니다. 콘크리트 비트는 끝의 모양이 넓적합니다. 비트 두께는 사용할 칼블록보다 살짝 얇아야 하는 점(벽에 칼블록이 좀 더 단단하게 고정되기 위함), 절대로 잊지 마세요!**C2**

모든 준비가 되었으면 걱정 마시고 전동드릴로 벽을 뚫어주세요. 뚫을 부분을 표시한 곳 밑에 포스트잇을 받쳐놓으면 떨어지는 먼지는 어느 정도 막을 수 있습니다. 하지만 날리는 먼지는 어쩔 수 없어요. 잉여력(조력자 혹은 여유 있는 손)이 있다면 벽을 뚫을 때 청소기로 먼지를 흡입해주면 더더욱 깔끔하게 벽을 뚫을 수가 있습니다. **D1-4**

자, 이제 나사를 이용해서 선반 뼈대를 설치하는 일이 남았네요. 뼈대를 칼블록에 고정하기 전에 알아둬야 할 것이 있습니다. 무슨 말인고 하니 수평을 맞추고 나사를 고

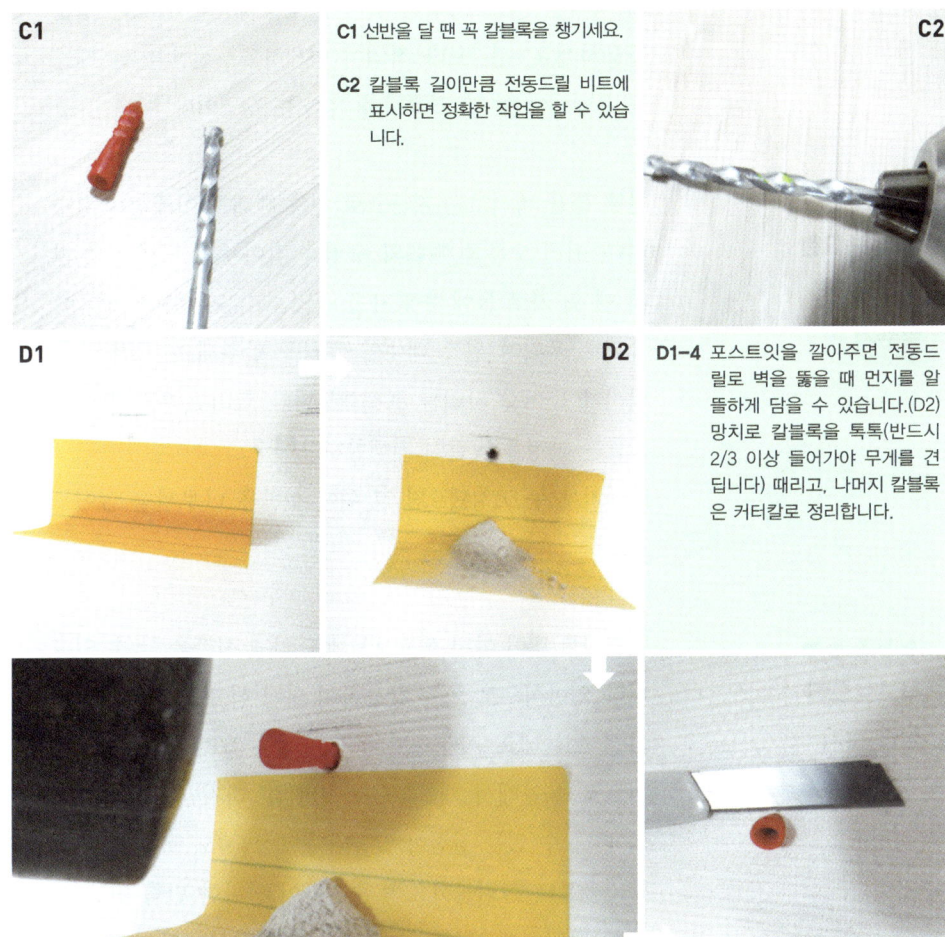

C1 선반을 달 땐 꼭 칼블록을 챙기세요.

C2 칼블록 길이만큼 전동드릴 비트에 표시하면 정확한 작업을 할 수 있습니다.

D1-4 포스트잇을 깔아주면 전동드릴로 벽을 뚫을 때 먼지를 알뜰하게 담을 수 있습니다.(D2) 망치로 칼블록을 톡톡(반드시 2/3 이상 들어가야 무게를 견딥니다) 때리고, 나머지 칼블록은 커터칼로 정리합니다.

정하는 것이 순서입니다. 우선 수평을 맞추는 것이 굉장히 중요합니다. 뼈대는 느슨하게 조여주세요. 그리고 아래쪽 선반을 설치할 모든 곳도 수평을 맞춰준 다음 한꺼번에 나사를 꽉 조여주면 됩니다. 수평자는 스마트폰 앱을 활용하세요. 생각보다 작업이 섬세하죠? 선반을 달 때는 꼭 유념해야 할 게 있습니다. '각도는 생명이다!'**E1-5**

▶▶▶▶
가장 중요한 뼈대 수평 맞추기

찬넬 틀을 바라보는 기준으로 왼쪽 뼈대는 이제 맞춰졌습니다. 이제 오른쪽 뼈대의 수평을 잡아주면 되겠네요. 먼저 맨 위 가로 틀에 수평자를 올려놓고, 오른쪽 뼈대를 아래위로 움직여 왼쪽 뼈대와 수평을 맞추세요. 그런 다음 나사가 들어갈 자리를 표시해둡니다. 그리고 왼쪽 뼈대를 만드는 과정을 똑같이 진행합니다.**F1-3**
뼈대가 모두 고정됐으면 그 위에 선반용 나무판을 얹어주세요!

▶▶▶▶▶
석고보드에 선반 달기

콘크리트 벽이 아닌 석고보드에도 찬넬 선반을 달 수 있습니다. 일반적으로 쓰는 칼블록이 아닌 석고보드용 '타격앙카'를 쓰는데요. 아무래도 무거운 짐을 올려두기에는 정신적으로 불안해서 개인적으로 비추천! 하지만 1단 선반은 쉽게 달 수 있는 장점이 있습니다.(전동드릴도 필요 없음.)
준비물부터 살펴볼까요?**G** 준비물이 간단한 만큼 찬넬 선반도 간단하게 달 수 있습니다.**H1-5** 석고보드의 선반은 지탱하는 힘이 아무래도 콘크리트 벽의 선반에 비해 떨어집니다. 절대 무거운 물건은 올려놓지 말아야 합니다! 꼭 주의하세요!

E1-5 나사를 느슨하게 조이고, 아래쪽도 수평을 맞춥니다.(E2) 나사 자리를 표시하고 드릴로 뚫은 뒤 칼블록을 넣고, 나사로 고정해주세요.

F1-3 아래위로 움직여 왼쪽 뼈대와 수평을 이루고, 위쪽 나사를 느슨하게 고정한 뒤, 수평을 맞춘 다음(F3) 전동드릴로 고정할 곳을 뚫고 칼블록과 나사로 뼈대를 고정해주세요.

G ①선반으로 쓰일 나무
②브래킷
③드라이버와 드라이버 나사

H1-5 선반을 설치할 위치를 정하고 수평 확인(H1). 선반 위치를 펜으로 표시한 뒤 나사를 이용해 브래킷 고정.(H3) 선반을 올려두고 반대쪽 브래킷의 수평을 맞춰 고정하고 선반을 꾸며주세요.

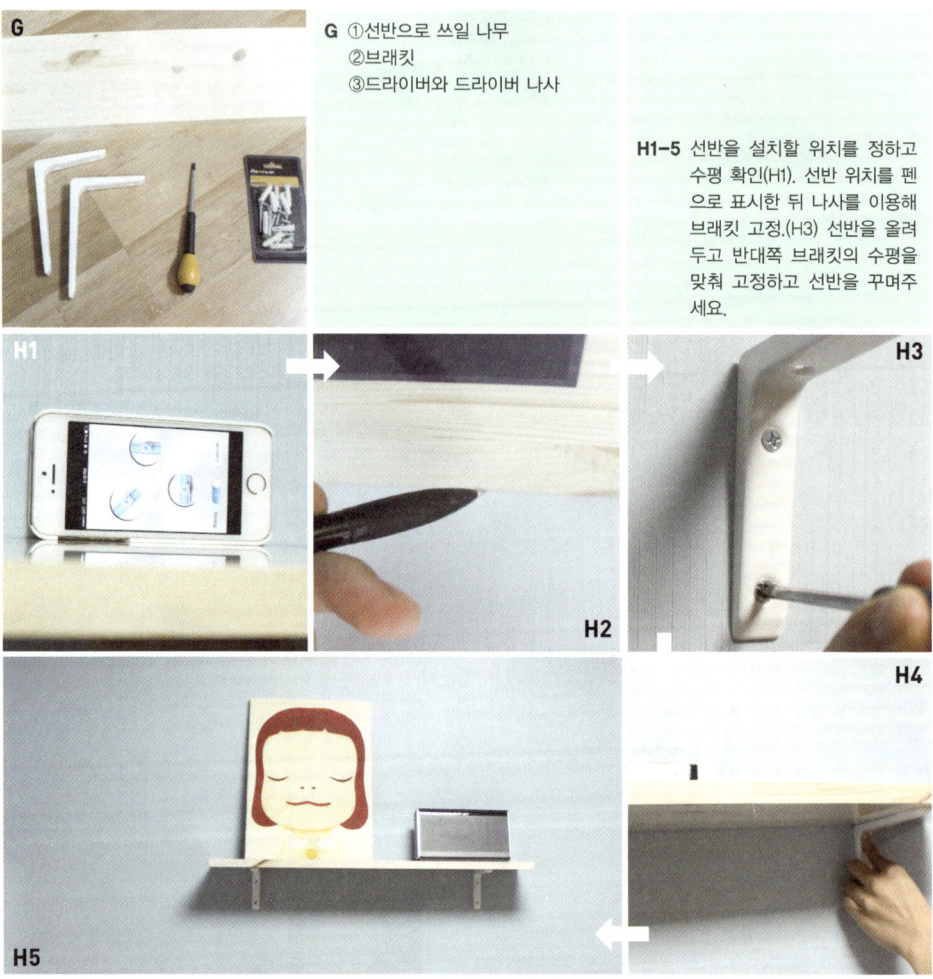

찬넬 하나로
'엘레강스'한 자취방을!

실용성과 분위기를 모두 살린 찬넬의 탄생!

내가 할 땐 헤맸는데, 제이쓴은 왜 이렇게 뚝딱 해내는 거죠? 사실 이 공간은 화장실 옆이라 수건이나 욕실용품을 놓아두려고 했는데, 만들고 보니까 그렇게 쓰기엔 아까울 정도로 분위기가 너무너무 좋은데요! 내가 좋아하는 그림이나 소품을 올려둬야겠어요!

싱기방기 자취 꿀팁
(세탁과 패션)

**덜 마른 양말
5분만에 말리기**

헤어드라이어에 축축한 양말을 씌우고 따뜻한 바람을 쐬어주세요. 드라이어를 너무 오랫동안 켜놓으면 화재가 발생할 수 있으니 30초를 작동하고, 30초를 쉬는 방법으로 4~5차례 반복하면 뽀송뽀송한 양말이 탄생합니다!

**구겨진 옷들,
인상 펴주기**

소개팅 있어서 멋 좀 내려고 했더니만 옷이 잔뜩 인상을 찡그리고 있네요. 자취한다고 티 내는 것도 아니고, 어찌한단 말인가! 먼저 분무기로 물을 뿌린 다음 고데기로 머리를 펴주듯이 구겨진 부분을 아래위로 펴주면 끝! 고데기 따윈 소유하지 않은 상남자들은 어쩌란 말이냐굽쇼? 상남자는 빗은 없어도 헤어드라이어는 하나씩 갖고 있잖아요? 뜨거운 바람을 이용해서 구겨진 부분에 뜨거운 바람을 쐬어주기만 해도 오케이!

**스타킹
오래 신는 법**

스타킹을 구입한 채로 냉동실에 하루 정도 보관해주세요. 섬유조직이 질겨져서 조금 더 오래 신을 수 있습니다. 제이쓴이 남자사람 주제에 이상한 거(?) 너무 많이 알아서 사상과 이력이 의심스럽다고요? 이건 제 누나님이 알려주신 꿀팁입니다.

세탁기 청소

세탁기를 돌려도 세탁물에 검은 때가 묻거나 세탁한 후에도 냄새가 난다! 요거는 "인제 고만 나를 씻겨달라"는 세탁기의 하소연! 물 온도는 40도 정도, 수위를 가장 높음으로 설정하고 식초 한 컵(200cc)을 세탁통에 부은 다음 한 시간가량 두었다가 10분 정도 세탁기를 돌려주면 빨래 끄읕…… 아니 세탁기 청소 끝!

옷에 볼펜 자국 묻었을 때

밝은 내일을 꿈꾸며 도서관에서 열공에 심취하다가 꿈에도 그리던 이성을 만나게 되면 자기도 모르게 펜을 놓치게 됩니다. 가슴에 떡하니 자리잡은 설렘은 그렇다 쳐도, 옷에 묻은 볼펜 자국은 모른 척할 수는 없는 일! 물파스로 톡톡톡 두드려주세요. 신통방통할 만큼 효과 만점!

셔츠 목 부분의 찌든 때

빨래를 해도 와이셔츠나 블라우스의 목 부분에 찌든 때는 정말 찌들어서 나올 생각을 안 하죠? 다음번 세탁기에 넣기 전에 제가 말씀드린 대로 해보세요. 우선 미지근한 물에 찌든 부분을 넣고 불렸다가 주방세제나 샴푸로 문질러주세요. 10분 정도 놔두었다가 세탁기로 돌리면…… 미션, 석세스!

옷에 묻은 기름때 제거

초간단 방법. 기름때가 묻은 옷의 부분을 콜라에 담가두세요. 한 시간 정도는 놔둬야 효과를 볼 수 있습니다.

린스로 섬유유연제 만들기

막 빨아도 되는 옷이 있는가 하면 섬유유연제 등 뭔가 애틋한 손길이 필요한 세탁물도 있지요? 근데, 아뿔싸! 섬유유연제가 없다고요? 걱정 마세요. 린스와 따뜻한 물을 5:1 비율로 섞어주면 열 섬유유연제 부럽지 않은 고급세제가 된다는 말씀!

청바지 물 빠지지 않게 관리하기

맘에 드는 청바지 사는 거 의외로 힘들죠? 간만에 내 거 다 싶은 걸 사도 언젠가 물이 빠지면서 서서히 애정이 식게 됩니다. 만약 맘에 드는 청바지를 구입하셨다면 지금부터 제가 알려드리는 방법을 활용해보세요. 청바지를 구입하고 곧바로 물과 소금을 10:1의 비율로 섞은 물에 넣어주세요. 24시간 이상 넣어둬야 합니다. 하루가 지나 세제로 청바지를 손세탁하면 오랫동안 맘에 드는 청바지를 입을 수 있습니다!

좁은 주방공간을 넓고, 개성 있게 연출하기

싱크대 인테리어

좁은 주방공간을 한층 넓어 보이게 하는 '모던 화이트'

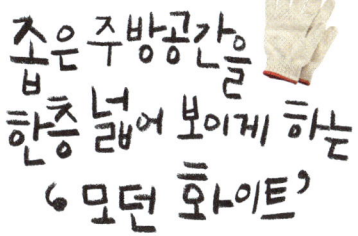

의뢰인	31세/ 여성/ 변호사 연수 중
주거형태	복도식 아파트/ 10평
공간특징	옛날식 아파트 구조인 탓에 공간이 효율적이지 못함. 주방 또한 협소한 편. 체리색 싱크대가 주방을 상대적으로 더 좁아 보이게 함.

의뢰내용

입주 전에 싱크대가 너무 더러워서 집주인한테 바꿔달라고 했어요. 집주인도 순순히 해주겠다고 했는데, 이사를 와 보니…… 어흑, 이 집에 무슨 일이 일어난 걸까요? 체리색 싱크대라니! 전 당연히 흰색으로 바꿔줄 줄 알았거든요. 안 그래도 주방이 좁은데, 싱크대마저 누르죽죽한 게 자리를 차지하고 있는 느낌이에요. 교체한 지 얼마 되지도 않아서 집주인한테 말하기도 뭐하고, 페인트칠을 해볼까 했지만 자신이 없고……. 제가 요리를 참 좋아하거든요. 집에서 뭘 해먹을까 하다가도 싱크대만 보면 요리할 맛이 없어지더라고요.

제이쓴의 진단

의뢰인의 집에 들어서서 싱크대를 보는 순간, 과거로 시간여행 하는 줄 알았습니다. 제 자취방 싱크대를 손봐주기 전 모습하고 영락없이 똑같았거든요.

요리를 좋아하는데 주 활동무대인 주방이 맘에 들지 않으면 얼마나 고역일까요? 하지만 싱크대 문을 교체하자니 비용은 만만찮고, 페인트칠을 하기엔 부담스럽고.

손쉬운 방법이 있습니다. 바로 시트지를 이용하는 것! 페인트칠을 하지 않아도, 싱크대에 돈을 들이지 않아도 새 것 같은 기분을 낼 수 있답니다. 자, 그럼 싱크대 리폼 법! 작업 들어갑니다~

준비물과 비용

준비물	비용	파는 곳
화이트보드용 시트지 2.5마+(1마: 여분)	약 20,000원 +(8,000원: 여분)	'을지사'(서울 방산시장), 오픈마켓 등
플라스틱헤라	1,000원부터	동네 철물점
라이터	500원	동네슈퍼, 편의점 등
& 목장갑, 십자드라이버		
	총 21,500원 +(8,000원)	

작업멘트

※ 시트지는 1마 정도 여유분을 구매해두시길 '강추'합니다!

※ 제 자취방 주방에 시공한 시트지는 체크문양 시트지로 2마 정도 들었습니다. 체크문양 시트지는 2마에 5,000원 정도 들어요.

※ 플라스틱헤라는 시트지를 구입할 때 사은품으로 주기도 해요. 시트지 구매할 때 확인해보세요. 사은품으로 안 주더라도 당황 말 것! 동네 철물점에서 1,000원대로 구매 가능하니까 안심할 것!

작업시간

싱크대 문 한 짝을 기준으로 20분 정도 소요(한 짝, 한 짝 할수록 기술이 늡니다). 작은 주방(2평 남짓)을 작업하다면 2시간 정도.

▶ 시트지를 붙일까, 페인트를 칠할까?

시트지가 나을까, 페인트가 나을까? 제 의뢰인뿐 아니라 아마 싱크대 리폼을 해보았거나 계획하고 있는 분이라면 머릿속 한쪽에다는 시트지 붙여보고, 반대쪽에다가는 페인트칠 하면서 고민깨나 하셨을 거예요. 사실 인테리어라는 것에도 현실적인 문제가 '짱' 크잖아요! 역시 리폼에도 '돈' 님이 가장 중요하시죠.

제 짧은 소견을 말씀드리자면 시트지를 추천합니다. 제 자취방 싱크대는 2.5마 시트지를 구입하고 작업하는 데 약 3만 원 정도 들었습니다.

페인트작업을 하려면 젯소와 페인트(제품마다 가격은 천차만별), 거기다가 오염방지 마감재 바니쉬까지 있어야 합니다. 머릿속으로 대략 주판알만 튕겨도 기본 4만 원 이상 소요. 싱크대 문짝을 교체한다면 삼나무 기준으로 한 20만 원 정도 돈 님을 모셔야 합니다. 시급 아무리 잘 쳐주는 알바 잡는데도, 직장에서 인센티브 받았다고 해도 20만 원 님을 집 안 싱크대에 모시기엔 부담스럽죠.

저비용 고효율, 즉 누추한 돈 님을 섭외해서 실용성과 효율성을 지향하는 제이쓴은 무엇을 선택할까요? 당연히 시트지입니다! 하지만 인테리어에 정답은 없습니다.(재료 선택은 여러분의 몫, 추천은 제이쓴의 몫!)

▶▶ 시트지와 싱크대 문, 밀땅 후 밀착하기

시트지를 붙이기 전에 꼭 해야 할 작업이 있습니다. 바로 싱크대문의 표면을 깨끗하게 청소해주는 것! 잊지 마세요.(전 작업 전에 의뢰인에게 강조했다가 정작 작업할 땐 까먹어서 의뢰인이 말씀해주셨다죠!)

본격적으로 작업에 들어가 볼까요? 먼저 싱크대 문을 분리해야 합니다. **A1-4** 문을 분리하는 작업을 마치고 나면

A1-4 경첩의 나사를 드라이버로 풀고 난 다음 화살표 방향으로 잡아 당기면 쭈욱 빠집니다.(A2) 경첩까지 분리하면 이후 작업이 더욱 쉽습니다.(A4)

시트지를 준비해주세요. 시트지는 문 사이즈보다 좀 더 여유 있게 준비하는 것이 좋습니다. 10cm, 20cm도 아닌데 일일이 자로 재서 해야 하나 싶다고요? 잠시만요, 시트지 뒷면 보고 결정하실게요! 시트지 뒤를 보면 우리 눈보다 백배는 더 정확한 눈금이 있답니다. 자, 그럼 본격적으로 작업을 시작합니다.**B1-7**

어때요? 시트지가 기포 없이 정말 깨끗하게 붙었죠? 저만의 특별한 방법이 있는 건 아니냐고요? 전혀요, 여러분도 할 수 있습니다! 단 짚고 넘어갈 게 있습니다. 싱크대 문을 분리하고 시트지를 부착하기 전에 청소를 하지 않는다면 저나 여러분뿐 아니라 도배 장인 할아버지가 납시어도 깨끗하게 붙이지 못할 겁니다. 이물질이 붙으면 시트지가 울퉁불퉁해지거든요. 그럼 답이 없죠. 어쩔 수 없이 시트지 전체를 떼어내서 싱크대 문을 닦아줘야 하는데, 한 번 붙은 시트지는 떼어내는 일이 이만저만 삼만사만 힘든 일이라는! 잘못하다가 중간에 찢어질 수도 있습니다! 시트지 붙이기 전에 싱크대 문은 반드시 깨끗하게 닦아주세요!

양옆 테두리의 시트지는 어떻게 마무리할까요? 필요 없는 부분을 잘라낸 다음 부착하면 되죠.

▶▶▶
시트지와 싱크대 문의 궁합이 안 맞으면 불꽃이 튀게 하세요

'암만 봐도 필요 없을 것 같은데, 준비물에 라이터가 왜 있담?' 하고 의아해할 독자분들을 위해 이쯤에서 라이터를 꺼내볼까요? 시트지와 싱크대 문을 밀착하는 방법을 위에서 말씀드렸는데, 중매자인 제 바람과 달리 시트지와 싱크대 문이 궁합이 잘 안 맞을 때가 있어요. 이럴 땐 냉랭한 둘 사이에 확 불꽃을 일으켜줘야 됩니다.**C** 우선 장

B1-7 시트지를 여유 있게, 가장자리는 꾹꾹 눌러붙이세요. 시트지 종이를 1/4 정도 벗긴 다음 싱크대 문을 뒤집고,(B4) 종이를 벗기면서 헤라로 눌러 빗어주세요. 사각지대 시트지는 잘라냅니다.

갑을 끼고 라이터로 시트지 표면을 그을린다는 느낌으로 골고루 움직여주세요. 여기서 또 주의할 점! 시트지에 불을 오래 쬐거나 직접 불이 닿으면 시트지가 녹을 수 있습니다. 냉랭한 연인들의 마음을 달래어 다시 맺어주려면 중매자는 섬세하고 조심할 수밖에요! 둘을 꼭 맺어주고 싶다는 열망과 자세, 필요합니다!

이쯤에서 시트지 좀 붙여봤다는 분들 중에 "제이쓴, 헤어드라이어를 써도 되잖아요!" 하고 말씀하실 분이 있으리라 생각됩니다. 맞습니다. 드라이어의 뜨거운 바람을 시트지에 쏘이면 효과가 있는 경우도 있습니다. 헌데 제가 의뢰인의 집에 시공한 화이트보드용 시트지는 일반 시트지보다 두껍습니다. 때문에 라이터가 훨씬 효과적입니다. 만약 화이트보드용 시트지보다 얇은 시트지로 작업을 한다면 헤어드라이어를 사용하셔도 좋습니다.

시트지를 다 붙였다면 반대 순서로 경첩을 달아주세요. 그리고 다시 문을 조립합니다.

싱크대 인테리어 작업은 언제 한번 날 잡아서 깔끔하게 작업하는 게 가장 좋습니다. 하지만 열에 두세 분은 힘들어할지두 모르겠네요. 그리고 느긋하게 작업하고 싶은 분들도 있을 거고. 저는 어떤 인테리어 작업이든 결과도 중요하지만, 과정 또한 재미있어야 한다고 생각합니다! **D1-3** 그러므로 하루에 하나씩 느긋하게 하셔도 좋습니다.(제 주방 싱크대를 바꾸는 데 15일이나 걸린 건 절대 감추고 싶지 않은 비밀!)

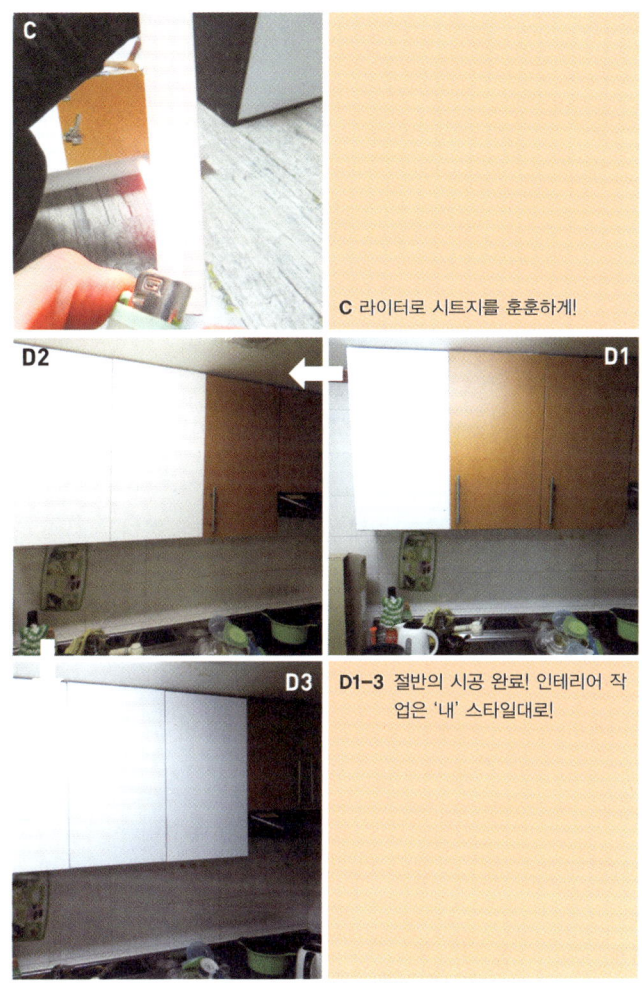

C 라이터로 시트지를 훈훈하게!

D1-3 절반의 시공 완료! 인테리어 작업은 '내' 스타일대로!

싱크대 위아래 사이의 때 낀 공간은 어떻게 바꿀까?

여기까지 만들어놓고 찬찬히 감상하다 보면 싱크대 상부와 하부 사이에 때가 낀 타일이 눈에 들어옵니다. 싱크대는 깔끔하게 손봐놨는데, 여기가 자꾸 눈에 밟힌단 말이죠. 무슨 방법이 없을까요?
제이쓴에겐 당연히 방법이 있죠! 세 가지 방법을 여러분에게 말씀드릴 수 있습니다.

하나, 기존 타일벽에 타일을 덧대는 방법.
둘, 타일용 페인트로 칠을 해주는 방법.
셋, 시트지를 붙여주는 방법.

저는 제 자취방 싱크대를 작업할 때 체크무늬 시트지로 포인트를 주었습니다.**E** 물론 시트지를 붙이든 페인트칠을 하든 작업 전에 깨끗이 청소해야 한다는 사실, 잊지 마세요.
그리고 여러분이 꼭꼭 유념해야 할 것이 있습니다. 지금부터 제 이야기에 집중해주세요. 싱크대 중에는 시트지로 작업을 해서 안 되는 유형이 있습니다. 싱크대 벽과 가스레인지의 사이가 가까우면 화재가 일어날 수 있습니다. 제 자취방은 벽과 가스레인지 사이의 공간이 어유 있었기에 시트지를 붙여도 화재 염려를 붙들어맬 수 있었습니다. 시트지를 붙이는 걸 고려하고 있다면 우선 가스레인지에 불을 켜보고 벽을 짚어서 얼마나 열이 전도되는지 꼭 확인해보시고 판단하세요.(방염 시트지라고 알루미늄 소재로 만든 시트지가 있으나 저는 추천해드리지 않습니다.)

E 체크무늬 싱크대 벽지의 모던함!

싱크대 인테리어 최후의 한 수, 문고리!

싹 다 바꾸고 나면 눈썰미 있는 분은 대번에 알아보고, 감이 더딘 분이더라도 사나흘 안에 눈치 채는 것이 있습니다. 다름 아닌 싱크대 문고리입니다. 싱크대와 벽은 인테리어 은혜를 입었는데, 문고리가 낡았다면 차별받는 아이처럼, 눈동자 없는 용 그림처럼 눈에 쏙 박히게 됩니다. 이렇게 가슴 한쪽이 먹먹해지고, 이 아이에게도 은총을 내리고 싶어진다면 동네 철물점으로 달려가세요. 유성락카(유·무광)을 이용해서 도색만 해도 대번에 은총이 충만해집니다. 혹은 너무 낡아서 아예 바꾸고 싶다면 구매해도 좋을 테죠. 단 유성락카는 말 그대로 기름 성질이 있어 작업하다 보면 냄새가 느껴집니다. 야외에서 작업하시고 말려주세요.

유성 락카로 '털갈이' 한 문고리

요리하면서 체스 두고 싶어지는
모던한 공간으로 탈바꿈!

마음까지 힐링되는 화이트 싱크대!

교체한 지 얼마 안 된 싱크대라 어떻게 해야 할지 정말 많이 망설였는데……. 제이쓴이 알려준 대로 하니까 정말 깔끔하게 완성됐어요! 아싸! 이제 뿌듯한 마음으로 요리할 수 있겠어요! 진짜, 체리색이 웬 말이여! 화이트 톤으로 바꾸니까 주방도 훨씬 넓어 보여요!

냉장고 리폼

5년 묵은 누리끼리 냉장고, 영국풍 감성을 온몸에 두르다

의뢰인 30대 중반/ 여성/ 방송작가
주거형태 원룸빌라 2층(4층 중)/ 12평
공간특징 채광이 전체적으로 좋음, 고치면서 살기에 안성맞춤인 적당히 오래된 집.

의뢰내용

평소부터 제이쓴의 블로그를 한없이 부러운 시선으로 쭉 바라보고 있었습니다. 이번에 서울로 이사를 오게 되었는데, 제 눈에서 떠나지 않는 물건이 있습니다. 바로 저와 동거한 지 5년은 훌쩍 넘어, 원래는 흰색이었지만 지금은 누리끼리 묵은 때가 꽉꽉 낀 냉장고예요. 냉장고 리폼은 여기저기 찾아봤는데, 없더라고요. 제이쓴에게 무슨 해결책 없을까요?

제이쑨의 진단

하루에도 몇 번씩 열고 닫는 냉장고. 만약 제 자취방에 흰빛을 잃고 누리끼리하게 꿔다놓은 보릿자루마냥 자취방 한구석을 차지하고 있는 모습을 보면 저도 모르게 신세 한탄마저 할지 모르겠네요.

그렇다고 하나 사기에는 자취생으로서 너무 부담스럽고. 결론은 리폼을 하는 건데……. 의뢰인 말마따나 냉장고는 리폼 자료 찾기가 힘들죠.

근데요, 제이쑨에겐 방법이 있어요! 여러분, 냉장고도 페인트칠을 할 수 있다는 사실 아세요? 지금부터 냉장고가 어디까지 변신할 수 있는지 보여드릴게요!

준비물과 비용

준비물	비용	파는 곳
삼화페인트: 홈스타 파스텔 OK(인디고 블루 조색번호 0152E) 1.5L	11,500원	삼화페인트 (온·오프라인)
삼화페인트: 홈스타 파스텔 OK 플러스(이탈리안 레드) 0.4L	8,500원	삼화페인트 (온·오프라인)
젯소 0.5L	8,000원	삼화페인트 (온·오프라인)
마스킹테이프	1,000원부터	동네 철물점
3인치 롤러 (개인적으로 추천!)	1,500원부터	페인트가게 및 동네철물점
붓	1,000원부터	페인트가게 및 동네철물점
페인트 팔레트(없으면 못 쓰는 반찬통으로 하셔도 무관) & 목장갑		
	총 31,500원	

작업멘트

※ 1L 단위로 조색을 하는 페인트가게는 삼화페인트밖에 없습니다.(다른 곳은 보통 4L기준.)

※ 페인트를 구입할 때 신중에 신중을 거듭해야 합니다. 조색을 하면 교환 및 환불이 불가능하거든요! 조색 페인팅 작업을 하고 나면 원래 생각했던 색상보다 어두워질 수 있습니다. 이 점을 염두에 두고 색상을 고르세요.

※ 마스킹테이프는 500~1,000원으로 가격이 저렴하지만, 페인트를 살 때 가게 사장님에게 애교로 하나만 달라고 하면 '득템'이 가능합니다!

작업시간

젯소 30분 미만, 페인팅 2시간 소요.

▶
**냉장고 리폼,
페인트 vs. 시트지**

이번 의뢰인의 냉장고는 페인트로 작업을 해볼까 합니다. 오지랖프로젝트를 계속 진행하면서 운명의 장난인지 필연인지, 파란색 페인트가 제법 남아 있었거든요. 페인트 양을 떠올리자마자 순간 제 머릿속에 전류처럼 스쳐지나가는 생각, '저 정도면 영국 국기의 파란색 부분을 칠하고도 남을 양이야!'

당연한 이야기지만, 리폼 할 냉장고는 자신의 것이 맞는지 확인하세요. 요즘은 원룸이더라도 풀 옵션이 갖춰진 곳이 많기 때문에 기초적인 당부를 드리는 겁니다. 만약 옵션으로 갖춰진 냉장고라면 시트지를 이용해서 리폼 해도 좋습니다.

▶▶
**자취 인테리어 피플들의
필수 아이템, 젯소!**

리폼 할 냉장고를 깨끗하게 닦아서 말려줍니다. 그런 다음 살짝 입힌다는 느낌으로 젯소를 1~2회 정도 칠합니다. (젯소는 앞부분 「방문 페인팅」(13쪽) 편에서 설명을 드린 적이 있습니다. 젯소에 대해 궁금한 분들은 50원, 아니 16쪽을 참조해주세요.) 다 바르고 나면 바람이 잘 통하는 곳에서 말려주세요. 30분 정도면 마르는데, 표면을 만져봤을 때 뽀송뽀송한 느낌이 들면 드디어 냉장고가 페인트랑 미팅할 준비가 다 됐다는 표시예요.

페인트 작업에 들어가기 전에 마스킹테이프를 원하는 모양으로 붙여줍니다. 저는 처음부터 유니언잭을 구상해서 모양에 맞춰 테이프를 붙였습니다. 테이프의 간격에 따라 유니언잭의 느낌이 완전히 달라지니까 신경을 써야 합니다. 저는 대각선은 5cm 너비로, 가로세로의 선은 7.5cm로 붙였습니다. **A1-2**

A1

A1-2 5년 새 너~무 변한 냉장고를 마스킹테이프로 성형 시작!

A2

이제 본격적으로 페인트를 칠해볼까요? 냉장고에 롤러가 닿기 전에 하나 더 당부드릴 게 있습니다. 내부수성용 페인트는 페인트가 잘 발리기 위해서 물을 섞어줘야 하는데, 물의 양은 페인트 양의 5% 이하로 맞춰주세요. 좀 더 정확히 말씀드리자면 페인트가 흐르지 않을 정도의 점성을 유지해야 합니다. 소량의 물을 페인트와 섞어보고 반복해서 테스트하세요.

페인팅은 최소 두 번은 해야 페인트 색깔이 골고루 묻어 나오게 됩니다.**B1-2** 하지만 페인트를 바르고 나면 고개를 갸웃거리게 될지도 모릅니다. 페인트가게에서 조색해온 페인트 색상과 두 차례 칠 작업을 마치고 말린 페인트 색상이 달라 보이거든요. 조색한 페인트를 바르고 건조과정을 거치면 원래 색상보다 조금 어두워질 수 있습니다. 이 점, 페인트 색상을 고를 때 꼭 염두에 두세요!

페인트가 다 말랐으면 마스킹테이프를 살살 떼어주세요. 앗, 그런데 하얗게 칼처럼 각이 잡혀 있어야 할 공간에 파란 얼룩이 묻어버렸네요?**C1** 여러분에게 물 조절을 잘하라고 당부해놓고, 정작 저는 파란색 페인트가 물들어 다시 작업을 하게 생겼습니다. 다시 한 번 강조하지만, 물 조절은 필수입니다! 이번엔 신경 써서 작업해야겠네요.**C1-6**

냉장고 리폼 작업은 단계별로 작업이 가능합니다. 하루에 몽땅 하지 말고 쉬엄쉬엄 도전해보셔도 괜찮습니다. 천천히 하다 보면 심봉사가 눈을 뜨듯 여러분도 페인팅 리폼의 기술이 늘어나는 걸 깨닫게 될 거예요. 그리고 어느 날, 여러분의 눈앞에 놀라운 냉장고가 짜라란! 여느 인테리어가 그렇지 않겠습니까만은, 냉장고 리폼은 결과물이 최고의 성취감을 물씬 느끼게 해준답니다.

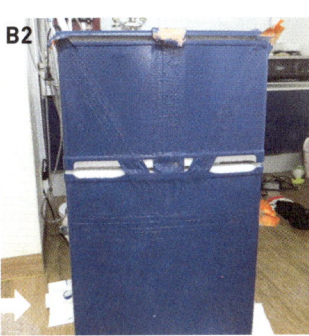

B1-2 수성용 페인트에 물을 섞어 일정한 점성을 유지한 다음 두 번 이상 칠해줘야 '때깔'이 나옵니다.

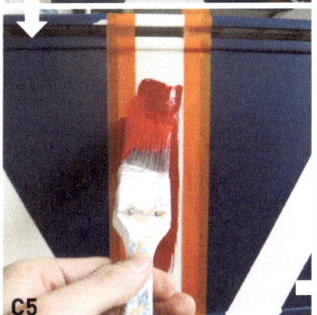

C1-6 흰색 페인트를 칠할 공간에 맞춰 마스킹테이프를 붙이고, 흰색 페인팅 1회 실시한 다음 테이프를 떼어냅니다. 빨간색을 칠할 공간에 다시 마스킹테이프를 부착하고 페인팅을!

냉장고 리폼에도 바니쉬가 필요합니다!

내부수성용 페인트는 물에 굉장히 약합니다. 리폼이 완료되었다고 해도 물이 닿으면 녹아서 흘러내릴 수도 있습니다. 이를 방지해줄 수 있는 마감재가 있으니 그 이름은 바니쉬(4,000원대부터! 앞에서도 미리 설명드렸죠? 22쪽 참조하세요.)

무광, 반광, 유광이 있는데 원하는 광을 선택해서 페인팅 작업 후 1~2회 정도 발라주면 오랫동안 깔끔한 상태를 유지할 수 있습니다. 냉장고에 바니쉬를 바르고 싶다면 제이쓴은 반광을 추천합니다!

냉장고 하나만 바꿔줘도
고급스러운 감성이 돌아납니다.

영국풍 감성 돋는 스타일리시한 냉장고의 탄생!

우와! 제이쓴. 누리끼리한 냉장고가 이렇게도 바뀔 수 있는 건가요! 이거 시중에 파는 스메그랑 똑같아 보여요! 냉장고 하나 바꾼 건데, 주방공간이 스타일리시해진 것 같아요! 이 냉장고, 평생 간직할게요.

싱기방기 자취 꿀팁
(주방정리와 음식관리)

가스레인지, 싱크대에 낀 기름때 제거

고기라도 한번 구워 먹으면 가스레인지에 내려앉는 기름때. 난다 긴다 하는 세제로 문질러도 잘 안 지워진다고요? 식초와 물을 1:1로 섞어서 깨끗한 걸레나 헝겊에 묻혀 기름때를 제거해보세요. 눈앞에서 더러움이 사라집니다!

찌개 혹은 국 보관하기

엄마표 반찬은 거덜났고, 사 먹긴 싫고, 누군가의 손맛이 그리워 내 손으로 자취방에서 국물 있는 거 만들어 먹고 싶은 날이 있죠. 헌데 등 따시고 배부르면 뒤늦게 남은 찌개가 걱정. 이럴 땐 우유팩에 남은 찌개를 넣어주세요. 냉장고 자리 차지할 일도 없고, 전자레인지로 다시 데워 먹을 수 있고, 게다가 설거지 안 해도 됩니다!

김치통 냄새 제거

엄마가 커다란 밀폐용기에 보내주신 김치. 먹을 땐 좋았는데, 다 먹고 아무리 씻어도 지워지지 않는 김치의 스멜! 김치통에 세제를 넣어두고 물을 팔팔 끓여 붓고 하루 동안 재워주세요.

미지근한 맥주를 초특급 시원한 맥주로 만들기

눈물 나게 시원한 맥주가 먹고 싶은데, 아차차! 냉장고에 넣어두지 못했네! 수건이나 행주, 키친타월 등에 물을 묻히고 (캔 혹은 병 재질의) 음료수를 감싸주시고 냉동실에 넣어주세요. 조금만 지나면 음료수에 냉기의 복음이 전파되어 있을 겁니다.

먹다 남은 소주를 이용한 초간단 냉장고 탈취법

자취방에서 친구들과 소주 한잔했는데, 소주가 남았다면 재깍 챙기세요! 찰나에 챙긴 소주 한 병이 여러분의 냉장고 냄새를 오랫동안 잡아줍니다. 먹다 남은 소주를 그대로 (뚜껑을 닫지 않고) 냉장고에 넣어두세요. 소주에 남은 알코올 성분이 김치 냄새, 간장 냄새, 마늘 냄새 등 온갖 냄새를 잡아가둡니다.

굳은 음식 전자레인지에 돌릴 때

자취생활을 영위하다 보면 먹다 남은 음식을 냉장고에 계속 넣어두게 되죠. 특히 친구들 방문해서 큰맘 먹고 피자 한 판 주문하고 배불리 먹었는데도 피자가 남으면? 이건 다음 끼니를 영위해나갈 수 있는 소중한 음식이 됩니다. 하지만 전자레인지에 돌리다 보면 끝부분이 굳어요. 전자레인지에 돌릴 때 물을 한 컵 같이 넣어주세요. 음식이 굳는 걸 방지해준답니다.

눅눅해지는 과자 방지하기

자취생에게는 과자도 때론 한 끼를 때울 수 있는 끼니. 근데 눅눅한 과자를 어떻게 먹을 끼니? 과자를 양껏 먹었는데, 남았다 싶으면 봉지에 각설탕을 넣고 밀봉해주세요. 각설탕이 '습기 먹는 하마'가 되어 뽀송뽀송한 과자의 육미를 지켜준답니다.

남은 밥, 묵은 밥을 '햇반'처럼 먹기

혼자 자취하게 되면 밥 조절하기가 참 어렵습니다. 특히 밥이 남으면 언제 다시 집에서 수저질을 할지도 모르겠고요. 아예 큰 맘 먹고 전기밥솥에 하나 가득 밥을 해놓으세요. 그리고 한 끼 식사량에 맞춰 밥을 비닐 팩에 담아 냉장고에 넣어두세요. 끼니때마다 냉동밥을 꺼내 전자레인지에 돌려주면 매일매일 냉장고에서 '햇반' 사다 먹는 기분이 들 거예요!

프랑스식(?) 라면 즐기기

자취방에 남아 있는 와인이 있으면 라면을 끓인 다음 서너 방울만 떨어뜨려주세요. 라면의 느끼함은 잡고, 이색적인 향기가 여러분의 식감을 자극할 겁니다. 이름 하여 '신의 물방울을 닮은 라면', 줄여서 '신라면'이라고 할까요? 으하하하.

손에 묻은 마늘, 파 냄새 제거법

파나 마늘처럼 '한 스멜' 하는 식재료를 만지고 나면 손에서 냄새가 쉽게 가시지 않습니다. 심지어 따끔거리기도 하지요. 아무리 비누나 손세정세로 박박 문질러도 손에 묻은 냄새는 강한 향을 풍기며 우리를 비웃죠. 이럴 땐 식초를 손에 살짝 묻혀서 씻으면 단박에 냄새를 쫓아낼 수 있습니다.

자취방 화장실, 홍대카페 화장실로 만들기

화장실 바꾸기 01

자취방에 홍대카페 화장실이 생겼어요!

의뢰인 31세/ 여성/ 평소 인테리어에 관심이 많음, 숫자를 다루는 직장인
주거형태 건물 2층(3층 중)/ 11평/ 하우스메이트와 공동 거주.
공간특징 화장실이 넓고 환기가 잘되지만, 오래되어 낡고 칙칙한 느낌이 듬. 특히 타일이 많이 변색되어 있음.

의뢰내용

이 집에 산 지도 3년이 넘었네요. 사실 제가 '한 깔끔' 떨어요. 방이나 거실은 깨끗하게 쓰고 있는데, 문제는 화장실! 꼭 오래된 상가에나 있는 것처럼 생겼어요. 샤워할 때마다 타일이 누렇게 변하는 거하며, 타일 사이사이에 물때인지 뭔지 때 끼는 자국하며. 청소를 해도 티가 안 나요. 저 정말 깨끗한 화장실을 갖고 싶어요. 월세 살고 있는데, 화장실 바꾸려고 하니까 집주인이 오히려 비용을 지불해주겠다고 하네요. 제이쓴, 깔끔하게 화장실 리폼하는 방법 없을까요?

'자취방 인테리어'에서 가장 신경을 쓰기 어려우면서도 가장 신경 쓰이는 곳이 바로 화장실이죠. 이 말은, 즉 화장실에까지 돈 들이기는 망설여지지만, 깨끗하고 깔끔한 화장실이 있었으면 하는 바람을 누구나 갖고 있다는 것. 사실 화장실이라는 공간은 조금이라도 환기를 해주지 않으면 곰팡이나 물때가 쉽게 자리 잡는 곳이죠. 게다가 의뢰인의 화장실은 얼마나 오래되었는지 청소를 해도 티가 안 날 정도라고 하네요.

근데요, 여러분! 요샌 페인트 기술이 워낙 발전해서 타일 벽에도 페인트를 칠할 수 있답니다. 페인트칠 하나만으로 화장실이 얼마나 변신할 수 있는지 지금부터 제이쓴이 보여드리겠습니다!

준비물과 비용

준비물	비용	파는 곳
페인트: 벤자민무어 바쓰 앤스파 532 무광(White Dove, OC-17) 2쿼터	72,000원 (1L당 36000원)	벤자민무어 (온·오프라인)
젯소: 스틱스 초강력 프라이머(XA05) 1L	28,000원	벤자민무어 (온·오프라인)
페인트용 트레이	2,000원	동네 철물점
롤러, 붓	2,000원부터 (각 1,000원부터)	동네 철물점, 페인트가게
마스킹테이프, 커버링테이프	2,000원부터 (각 1,000원부터)	동네 철물점, 페인트가게
거울 프레임 (60×60cm 기준)	15,000원	동네 목공소
선반(70×15cm) 2개	20,000원 (개당 10,000원)	동네 목공소
브래킷 (중형) 4개	9,600원 (개당 2,400원)	손잡이닷컴 (www.sonjabee.com)
목공풀	2,000원	생활용품점(다이소), 대형문구점
전동드릴 & 목장갑	1,000원부터 (대여료)	가까운 주민센터, 공구상에서 대여 가능.
	총 153,600원	

작업멘트

※ 화장실에 칠하는 페인트인 만큼 일반 페인트보다 비용이 들지만, 습기를 잡는 데 상당히 효과가 있습니다.

※ 거울 프레임과 선반의 목재는 소나무입니다.

작업시간

225×150×220(가로×세로×높이)cm 공간 기준으로 젯소 작업이 약 한 시간, 페인팅 2회 작업이 약 두 시간 소요(회당 약 한 시간)

135

▶
**화장실 리폼에
들어가기 전에
명심해야 할 두 가지**

다른 공간을 리폼 할 때도 마찬가지지만, 특히 화장실을 리폼 할 계획을 하고 있다면 반드시 집주인과 상의하세요. 나중에 문제가 생길 수도 있습니다. 꼭 명심하세요. 혹시 이사를 하려는 분들은 계약하기 전에 미리 합의를 하거나 집수리와 관련한 조항을 계약서에 넣는 것도 방법이 될 겁니다.

집주인과 합의를 이루어냈다고 해도 리폼 들어가기 전에 반드시 준비해야 할 것이 또 하나 있습니다. 이건 돈보다 정성이 필요한 건데요, 그 이름 하여 청소!**A** 화장실뿐 아니라 모든 공간에서 하는 셀프인테리어는 청소로 시작해서 청소로 끝난답니다. 의뢰인도 퇴근하자마자 집에 돌아와서 세 시간 동안을 락스와 곰팡이제거제로 화장실에서 사투를 벌였다고 합니다. 기필코 화장실을 바꿔보리라 하는 다짐이 느껴지지 않나요? 화장실만큼 청소에 청소에 청소를 해야 한다고 강조할 곳은 아마 없을 겁니다. 구석구석 깨끗이 청소하고 나서 물기 없이 완벽하게 말려야 페인트칠 할 준비가 됐다고 할 수 있습니다.

▶▶
**페인트 뚜껑
열리기 전에
마스킹테이프와
커버링테이프로
완전무장을!**

본격적으로 페인트 뚜껑을 열기 전에 해야 할 게 있습니다. 바닥과 천장, 세면대 등 페인트가 묻으면 안 되는 곳에 마스킹테이프와 커버링테이프를 붙여주세요. **B1-2** 여기서 고개가 갸우뚱거리지 않나요? 마스킹테이프는 뭐고, 커버링테이프는 뭐라는 건가 하고요. 지난 냉장고 리폼 할 때 봤던 테이프, 기억나세요?(123쪽 사진 참고). 그게 바로 마스킹테이프! 옆 페이지의 사진처럼 마스킹테이프에 비닐이 붙어 있는 것이 바로 커버링테이프랍니다. 벽과 몰딩에는 마스킹테이프! 바닥과 세면기처럼 덮어야 하는 곳에 커버링테이프를 붙여주세요.

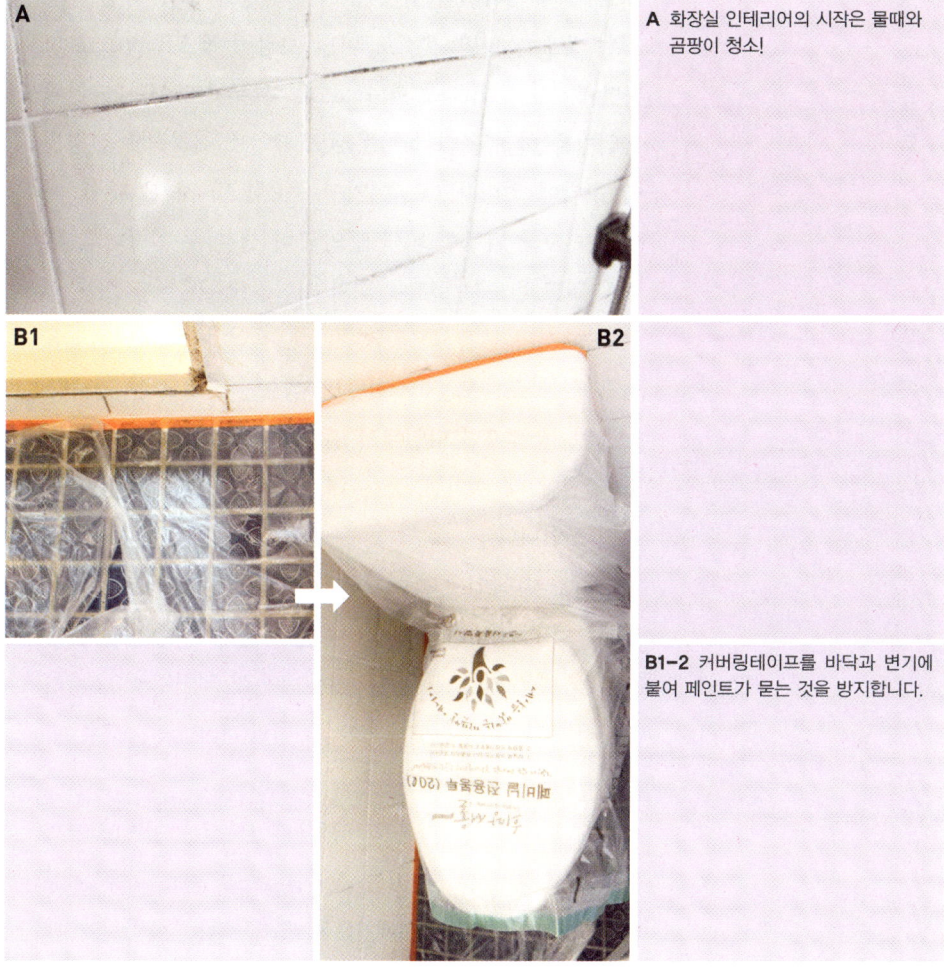

A 화장실 인테리어의 시작은 물때와 곰팡이 청소!

B1-2 커버링테이프를 바닥과 변기에 붙여 페인트가 묻는 것을 방지합니다.

▶▶▶
**타일의 속마음:
"페인트보다 젯소!"**

젯소는 페인트가 발리지 않는 곳(플라스틱, 유리 같은 표면이 매끈매끈한 곳들)에서 페인트의 접착력을 높이기 위한 역할을 합니다. 때문에 페인트를 칠하기 전에 반드시 젯소를 먼저 발라줘야 합니다. 이번 화장실 리폼 작업에 투입된 젯소는 일반 젯소도 아닌 초강력 젯소!(군인으로 치자면 특전사, 해병대라고 할 수 있죠!) 다른 곳도 아닌, 타일에 페인팅을 하려고 하니 아무래도 페인트 접착력에 신경을 쓸 수밖에 없더라고요. 여기서 중요한 팁 하나! 젯소, 페인트는 오래 놔두면 바닥에 앙금이 생길 수 있습니다. 뚜껑을 열고 반드시 골고루 휘휘 저어주세요!**C**

젯소는 절대 물을 섞지 않습니다. 작업하기 전에 젯소와 물을 섞는 분들도 더러 있는데, 섞으면 절대로 안 됩니다. 젯소가 물 먹으면 타일에서 떨어져나갑니다! 페인트나 젯소를 칠할 때 주의점, 물은 내부수용성 페인트를 사용할 때만 쓰입니다.

자, 이제 칠 작업에 들어가볼까요? 벽면은 롤러로 신나게 밀어주시면 됩니다. 그동안 흉한 화장실에 쌓인 울분과 서러움, 미운 정, 고운 정을 모아 마음껏 밀어주세요. 롤러로 작업하기 어려운 부분(모서리, 타일 사이 등)은 붓을 함께 사용하시면 됩니다.**D1-3**

이것으로 젯소 작업 완료! 그럼 페인트칠은 어떻게 할까요? 오늘 당장 할 수 있는 건 아니고요, 최소 하루 이상 말리는 것이 좋습니다.(제이쓴은 3일을 추천!) 화장실에 페인팅을 해본 분들 중 실패한 분은 대부분 젯소를 완벽하게 말리지 않고 페인팅을 한 경우가 많습니다. 그만큼 화장실 페인트칠은 젯소의 활약에 따라 결과의 차이가 엄청납니다. 시간적 여유를 두고 작업하길 권해드립니다.

C 바닥까지 골고루 저어주세요.

D1-3 롤러로 작업하되 디테일이 필요한 곳은 붓으로 작업합니다.(D2) 젯소 작업 완료된 모습(D3)

**뚜껑 열린 페인트와의
한판 승부,
대망의 페인팅!**

3일 뒤 의뢰인의 집에 가보니 과연 젯소가 완전히 잘 말라 있습니다. 아니, 근데 의뢰인이 모자를 쓰고 계시네요? 의아해서 물어보니 "제이쓴이 화장실 쓰면 안 된다고 했잖아요. 샤워는커녕 머리도 못 감고 대충 싱크대에서 세수하고 이만 닦았더니 찝찝해 죽겠어요" 하면서 얼굴이 구겨지더라고요. 그런데 갑자기 "그래도 깨끗한 화장실을 위해서라면 이까짓 불편 감수 못할까봐요! 하하하" 하면서 웃음꽃이 활짝! 제 의뢰인 의지, 정말 대단하죠? 여기서 여러분이 명심할 것 하나! 페인트는 습기에 민감하기 때문에 페인팅 하는 동안에는 화장실을 절대로 사용해선 안 됩니다. 물론 용변도 다른 화장실에서……(부끄부끄).

사진의 제품명을 눈여겨 봐주세요.**E** 이름에서 뿜어져 나오는 남다른 스멜이 느껴지나요? 일반 페인트와 달리 습기에 굉장히 강한 페인트랍니다.(화장실에 투입되는 젯소나 페인트는 정말 특전사, 해병대 같은 정예요원들입니다.) 이 페인트는 완전히 마르고 나면 물청소 하는 것도 가능하기 때문에 욕실 벽면뿐 아니라 베란다 벽에도 굉장히 많이 쓰입니다.(그 때문에 가격이 좀 비싸다는 슬픈 사실.)

젯소 작업했을 때와 마찬가지로 물 없이 페인트 원액을 칠해주세요. 먼저 붓으로 타일 사이사이를 발라주시고, 롤러로 칠하면 꼼꼼하게 작업할 수 있습니다!**F1-2**

욕실페인트는 1차 페인팅 후 한 시간 정도 말린 다음 2차 페인팅을 합니다. 작업을 완료하고 최소한 하루는 건조해줘야 합니다. 내구성을 높이기 위해서는 일주일 동안 뜨거운 물을 사용하지 않는 것이 좋습니다. 때문에 욕실 작업은 습기 없고, 온도는 어느 정도 오르는 늦봄과 초여름 사이 혹은 늦여름과 초가을 사이에 하는 것이 딱 좋습니다!

E 몸값 하는 '특전사' 페인트!

F1-2 붓으로 타일 사이사이를 바른 다음 롤러로 꼼꼼하게 칠하면 완료!

디테일한 인테리어가 화장실의 분위기를 바꿉니다!

페인팅 작업을 마치고 집으로 돌아왔는데, 뜻밖에 의뢰인의 메시지가 도착했습니다. 화장실에 나무로 된 거울과 선반을 달고 싶다는! 아마 페인트칠을 하고 나서 그동안 보이지 않던 것들이 눈에 들어왔을 겁니다. 인테리어란 게 어디 하나 손보고 나면 미처 보이지 않은 게 보이고, 생각지도 않던 것들이 눈에 띄기도 합니다. 그 마음을 알기에 의뢰인의 두 번째 부탁에 응하고, 기왕 하는 거 거울과 선반 세트를 같은 재질로 된 걸로 통일감을 주려고 했습니다. 인터넷을 폭풍 검색하는데…… 역시나 비싸더군요.

그래서 포기를 하……지 않았죠! 제이쓴이 달리 제이쓴이겠습니까! 동네 목공소를 찾아 특별히 맞춤으로 제작했습니다.**G1-3** 재질도 인터넷에서 본 제품과 크게 차이 나지 않고, 무엇보다 눈으로 확인할 수 있어서 좋았습니다.(컴퓨터 화면이랑 실제 제품이랑 색깔이 다른 경우가 더러 있기도 하죠.) 또한 맞춤이면서도 기성품보다 저렴하고, 사이즈도 내가 원하는 대로 맞출 수 있으니 이런 걸 바로 일석이조라고 할 수 있죠!

저는 '돼지본드'를 이용해서 나무틀을 거울 바깥쪽 테두리에 맞춰서 붙였습니다. 거울이 더 크고 넓어 보이면 좋겠다는 의뢰인의 취향을 반영했죠. 작은 인테리어 소품에도 그 사람만의 취향이 들어 있습니다. 주위 사람들의 집을 찾아가서 집 안을 한번 쭉 둘러보세요. 인테리어만으로도 그 사람에 대해 셜록 홈스 버금가는 단서를 발견하게 될 거예요.

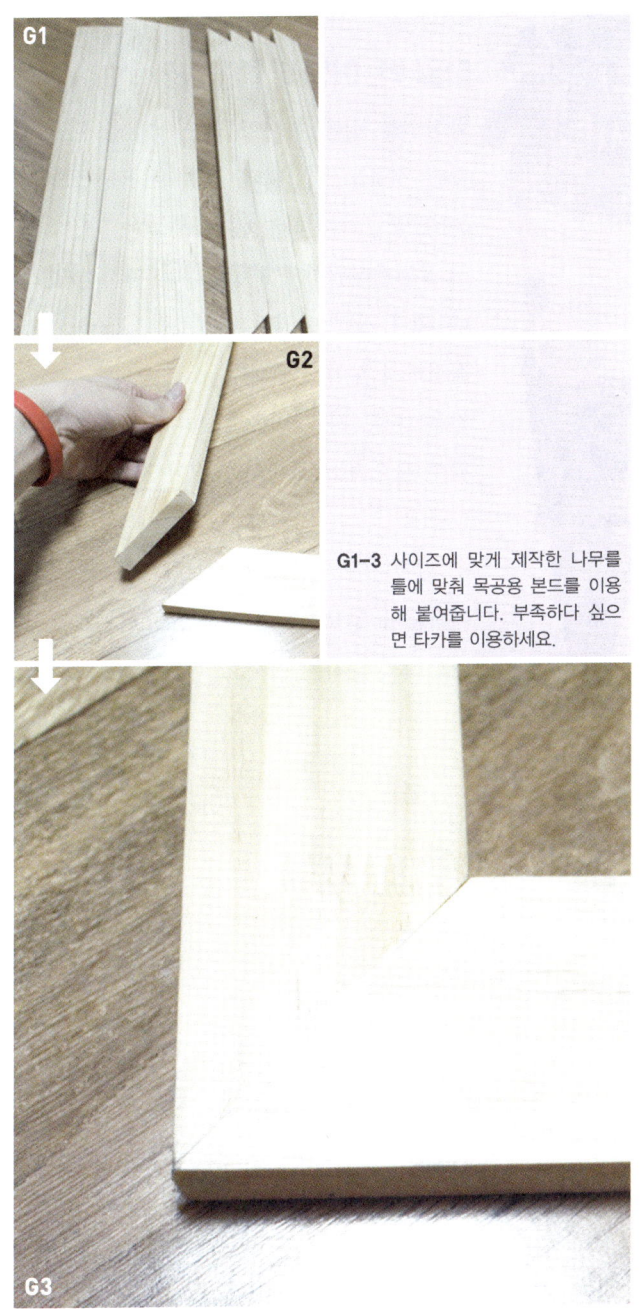

G1-3 사이즈에 맞게 제작한 나무를 틀에 맞춰 목공용 본드를 이용해 붙여줍니다. 부족하다 싶으면 타카를 이용하세요.

타일 벽, 어떻게 뚫을까?

화장실을 리폼 하다 보면 수납장을 다른 곳으로 옮겨야 하는 경우도 생깁니다. 그럴 때 전동드릴을 사용해야 하는데, 공구와 친하지 않은 분들은 타일 벽 뚫는 걸 은근히 부담스러워하게 마련입니다. 왠지 타일이 떨어져나가거나 금이 가면 어쩌나 걱정스럽기도 하고요. 하지만 전혀 걱정하지 않아도 됩니다.

전동드릴로 타일 벽을 뚫을 때 혹은 타일 표면이 미끄러워서 뚫으려는 곳에서 드릴이 자꾸 빗나가는 때가 있죠? 그럴 때 억지로 뚫으려고 하면 타일이 깨지거나 금이 갈 수 있습니다. 아마 경험해보신 분들 있을 거예요. 절대로 여러분이 헐크처럼 힘이 세서 그런 일이 벌어진 건 아니니까 속상해하지 마세요.

원하는 곳을 표시해 놓고!

미끄럼 방지를 위해 투명테이프를 부착!

전동드릴의 모드를 해머모드가 아닌 드릴모드로 맞춰주세요! 콘크리트 벽을 뚫을 때 제가 분명 해머모드로 맞춰놔야 뻥뻥 뚫린다고 했죠? 하지만 타일은 다릅니다. 해머모드로 맞추고 타일에 구멍을 내면 타일에 금이 가거나 깨지는 불상사가 벌어집니다! 반드시 타일을 뚫을 때는 드릴모드로, 콘크리트는 해머모드로 뚫어야 합니다.

타일벽 뚫을 땐 드릴 모드로 맞춰주세요

타일만 드릴모드로 뚜루뚜뚫!

콘크리트벽 뚫을 땐 해머모드!

깔끔하게 구멍이 뚫린답니다!

매일매일
반신욕을 해줘야 할 것 같은
욕실의 탄생!

이런 화장실을 놔두고…… 시집갈까, 말까?

여자라면 누구한테나 마찬가지겠지만 화장실은 특히 저한텐 중요해요. 여행 갈 때도 잠자리는 불편해도 화장실은 신경이 많이 쓰일 정도니까. 나도 참 간사하지, 그동안 아무 생각 없이 이렇게 살았네요! 그 전엔 어떻게 살았나 모르겠네! 제이쓴, 너무 고마워요~

화장실 바꾸기 02

모던 인테리어의 은총이 강림한 반지하 화장실

의뢰인 남성, 26세/ 군 장교 전역
주거형태 빌라 반지하(3층 중)/ 11평.
공간특징 반지하지만, 창이 크고 많아서 환기는 잘됨. 햇빛이 잘 안 들고, 오래되어 내부가 낡은 느낌을 줌.

의뢰내용

군대를 전역하면 내 취향대로 집 안을 만들어보는 것이 소원이었습니다. 전체적으로 집을 바꾸고 싶어서 전문업체에 견적을 의뢰해봤더니 11평 기준에 가격이 무려 1,600만 원! 전역하고 보니 짐도 하나 없고, 밥숟갈부터 다 사야 할 판인데. 근데 제가 또 센스라곤 눈곱만큼도 없어서요. 정말 앞이 깜깜해요. 그중에서도 저 화장실! 집 안 전체를 싹 바꿀 수 없다면 저 화장실이라도 어떻게 안 될까요? 제이쓴, 저 시키는 건 뭐든 잘할 자신 있는데, 어떻게 안 될까요?

제이쏜의 진단

아마 전역할 때의 마음, 군필자분들이라면 공감할 겁니다. 나만의 공간을 꾸미고 정말 제대로 살아보고 싶은 마음! 저도 그런 시절이 있었다지요. 의뢰인의 상황에 '폭풍 공감+뭉클 심금'을 느끼며, 바빠서 코 후빌 시간 없어도 해줘야겠다는 마음으로 달려갔는데……

오지랖프로젝트 다니면서 이런 집은 처음이었습니다. 욕실에서 풍겨지는 이토록 음산한 분위기라니! 샤워는 고사하고, 용변만 보는데도 등골이 서늘하니 수맥이 흐르나 싶어요.

벽에 내려앉은 검정색 곰팡이하며 묵은 때며 도무지 어디서부터 손을 대야 하나? 며칠 동안 고민한 끝에 순백의 모던한 느낌으로 꾸며보기로 했습니다. 하지만 작업하다가 의뢰인의 부탁으로 '블랙&화이트'의 화장실로 탄생하게 되었습니다. 결과적으로는 탁월한 선택이었네요!

준비물과 비용

준비물	비용	파는 곳
페인트: 바쓰앤스파 2통 화이트 1쿼터 1개(조색번호 OC-117 simply white), 검정색 1쿼터 1개(조색번호 2132-10 black).	72,000원 (쿼터당 36,000원)	벤자민무어 (온·오프라인)
초강력 젯소(STIX) 1리터	28,000원	벤자민무어 (온·오프라인)
페인트용 트레이	1,000원부터	페인트가게, 동네 철물점
롤러, 붓	2,000원부터 (각각 1,000원부터)	페인트가게, 동네 철물점
마스킹테이프, 커버링테이프	2,000원부터 (각각 1,000원부터)	동네 철물점
선반용 나무 2개 (12×90cm, 18mm)	6,000원 (개당 3,000원)	동네 목공소
몰딩용 나무 2개	5,000원 (개당 2,500원)	동네 목공소
선반용 브래킷(중형) 4개	9,600원 (개당 2,400원)	손잡이닷컴 (www.sonjabee.com)
	총 125,600원	

작업멘트

※ 선반용 나무와 몰딩은 인근 목재소에서 나무를 구입해서 해결했습니다. 선반용 나무는 목재소에 있는 긴 자투리 나무를 구입해서 재단했고, 몰딩도 거울 크기(90×60cm)에 맞춰 구입한 다음 끝부분을 45도로 재단했습니다.

작업시간

137X221X177(가로×세로×높이)cm, 젯소 1회(약 1시간), 페인팅 2회(회당 1시간), 건조시간은 젯소를 칠하고 나서 3일, 1차 페인팅 완료 후 한 시간 뒤에 2차 페인팅하고 하루 이상 건조. 뜨거운 물은 7일 이후에 사용 가능!

03:00

▶
화장실 리폼의 시작

앞 장에서 화장실 리폼 전에 꼭 해결해야 할 두 가지가 있다고 말씀드렸죠? 그게 뭔지 까먹으셨다거나 그 부분을 아직 읽어보지 못하신 분은 지금 바로 136쪽으로 가서 확인하세요!

화장실 리폼을 시작하기 전에 저는 꼭 청소를 강조합니다. 왜 그런 광고문구가 있잖아요? '화장은 하는 것보다 지우는 게 더 중요하다!' 화장실 리폼 할 때마다 저는 이 카피가 저절로 떠올라요. 화장실도, 화장도 똑같은 것 같아요. 깨끗하게 청소하고 하루 종일 말려주면 화장실 치장 준비 끝!

깨끗하게 청소하고 완벽하게 건조한 다음 커버링테이프로 바닥과 변기, 세면대를 감싸주세요. **A1-3**

▶▶
**화장하듯 꼼꼼하고
촘촘하게 젯소 작업을!**

앞에서 제가 화장실 리폼에 쓰이는 젯소와 페인트는 군인으로 치자면 특전사나 해병대 같은 특수요원들이라고 했죠? 일반 젯소와 페인트보다 몸값도 나가는 거 못지않게 냄새도 있습니다. 하지만 하도 젯소 냄새를 맡았기 때문인지 저는 은은한 방향제마냥 느껴지네요.

화장에 대해서 잘 모르지만, 젯소 작업은 비유하자면 기초화장이라고 할 수 있습니다. 기초화장을 제대로 안 하면 화장할 때 애먹을 수밖에 없잖아요? 젯소 작업 또한 마찬가지입니다. 페인트가 잘 스며들 수 있게 젯소를 발라주는 건데, 골고루 발라주지 않으면 아무리 페인트칠을 잘해준다고 해도 제대로 될 수가 없죠. 화장한다고 생각하고 꼼꼼하고 촘촘하게 젯소 작업을 해주세요. **B1-4**

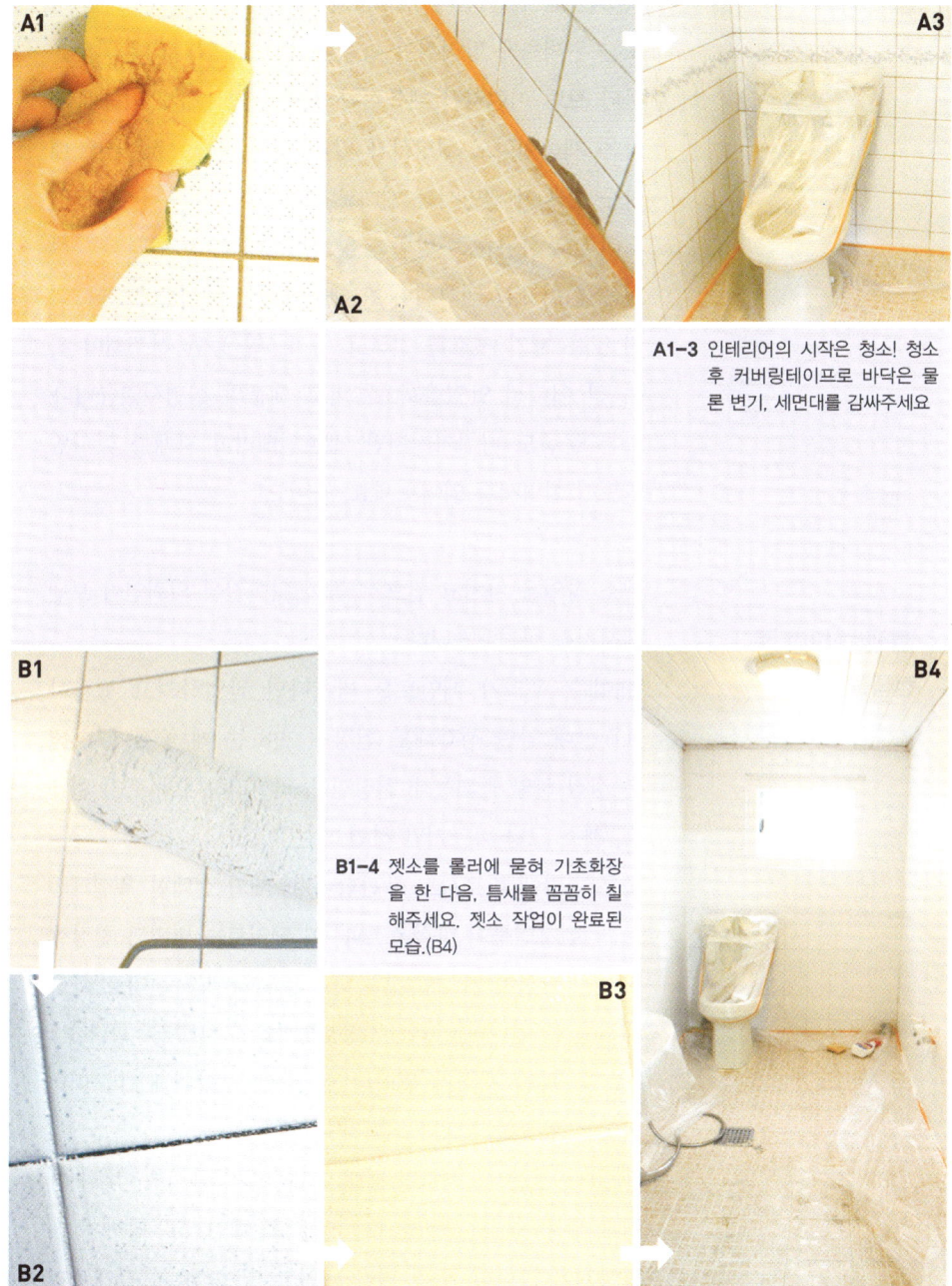

A1-3 인테리어의 시작은 청소! 청소 후 커버링테이프로 바닥은 물론 변기, 세면대를 감싸주세요

B1-4 젯소를 롤러에 묻혀 기초화장을 한 다음, 틈새를 꼼꼼히 칠해주세요. 젯소 작업이 완료된 모습.(B4)

젯소는 한 번만 칠해줍니다. 꼼꼼하게 바르고 나서 3일 정도는 완벽하게 말려줘야 합니다. 참고로 인테리어 작업을 하다 보면 이런저런 제품이나 자재를 구매하게 되는데요. 작은 제품이라도 설명서가 딸려 있게 마련이죠. 근데 대다수 분들이 설명서를 제대로 보지 않는 것 같습니다. 인터넷으로 사용하는 방법을 찾아보는데요, 전 설명서는 한 번쯤 읽어보길 권합니다. 인테리어를 전문적으로 공부하지 않은 제가 젯소를 칠하고 나서 3일 동안 건조해야 하는 건 어디서 알았을까요? 바로 제품의 설명서였습니다. 다른 물품도 마찬가지지만, 셀프인테리어 자재를 샀다면 반드시 설명서를 읽어보세요, 꼭이요!

▶▶▶ '블랙&화이트'로 컨셉을!

젯소 작업을 마치고 집으로 돌아오는 길에 의뢰인이 보낸 메시지를 발견했습니다.
'제이쓴, 우리가 페인트를 벽에다만 작업하려고 했잖아요? 근데 암만 생각해도 천장에 칠하는 게 좋겠어요. 벽은 점점 하얗게 되는데 천장만 누리끼리하니까 보기 싫네요. 젯소 그냥 바르기만 하면 되는 거죠?'
물론 천장에 바르셔도 무관합니다! 제가 선택한 욕실페인트는 '벤자민무어 바쓰&스파'. 이 페인트는 벽면과 천장에 칠하는 작업이 가능합니다. 하지만 바닥에는 절대로 사용해서는 안 됩니다!(그래서 사용설명서를 꼭 읽어봐야 합니다!)
3일 후 과연 젯소가 얼마나 잘 말랐나 확인해보니 이번 작업은 굉장히 기대가 되더라고요. C1
욕실페인트는 물 섞으면 절대 안 되는 거 아시죠? 또한 페인트 뚜껑 열고 작업하시기 전에 꼭 페인트통 밑까지 섞어주셔야 합니다. 뚜껑 열린 페인트 열 받은 거 달래주려

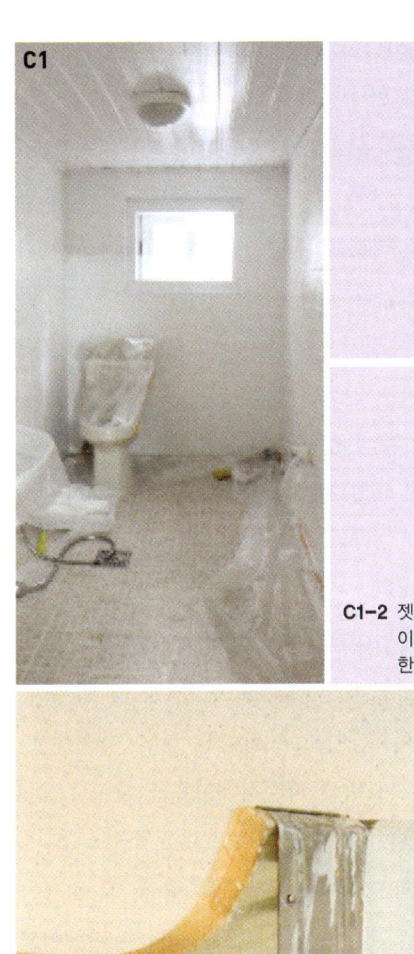

C1-2 젯소가 보송보송 잘 마른 상태. 이제 페인팅을 합니다. 디테일한 부분은 붓으로 세심하게!

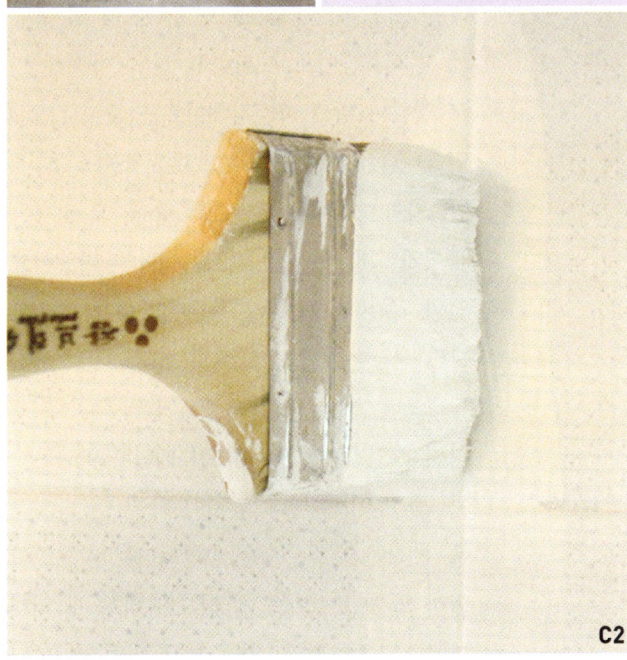

는 게 아니라 바닥에 앙금이 있을지 몰라 섞어주는 것입니다.(좀 더 궁금하신 분은 138쪽으로 가서서 복습!) 펴준다는 느낌으로 꼼꼼하게 발라주면 끝! 디테일한 곳은 붓을 이용하세요.**C2**

순백의 피부를 지닌 화장실로 탈바꿈하려는 찰나, 과묵한 의뢰인이 조심스럽게 입을 엽니다.

"제이쓴, 저…… 하얀색이 예쁘긴 한데요, 예전에 제이쓴이 보여준 컨셉 사진들 있잖아요. 그중에 블랙&화이트 화장실이 눈에 밟히는데…… 저어, 그걸로 하면 안 될까요?"

다행히 아직 시간은 있는지라 가능하다고 했더니, 시키는 건 뭐든 잘한다는 의뢰인은 검정 페인트를 찾아 집을 나섰습니다.

원래 작업대로 하자면 1차 페인팅을 하고 나서 한 시간 후에 2차 페인팅을 하고 말려줘야 합니다. 하지만 도중에 '블랙&화이트'로 뒤바뀐 컨셉. 아래쪽을 검정색페인트로 칠하기 위해 마스킹테이프를 붙여 작업공간을 나눠주었습니다.(1차 페인팅이 마르기 전에 마스킹테이프를 붙이면 페인트가 떨어집니다. 꼭 마른 걸 확인하고 붙여주세요.)**D** 테이프 붙이자마자 뒤에서 "제이쓴! 저 다녀왔어요!"하는 의뢰인의 외침이 들립니다. 절대반지를 찾아나선 프로도가 들으면 심장마비 걸릴 정도의 스피드네요.

▶▶▶
위, 아래 벽 색깔이 다른 화장실, 변신의 끝은?

다시 작업 들어갑니다. 1차 페인팅 한 다음 한 시간 뒤 2차 페인팅을 합니다. 컨셉이 바뀐 만큼 저는 위쪽은 흰색을, 아래쪽은 검은색을 칠합니다.**E1-2**

할까 말까 고민되는 게 있으면 하는 게 낫다고 누가 말했다죠? 그 말, 정말 '명언 오브 명언'입니다! 사실 전 처음

D 마스킹테이프로 공간 분할을 미리 해놓습니다.

E1-2 '블랙&화이트'로 컨셉을 변경하고 보니 모던함이 스멀스멀!

에는 벽 전체를 화이트 톤을 유지하고, 소품을 검은색으로 포인트를 주려고 했습니다. 하지만 의뢰인의 요청에 따라 검정색 페인트로 작업을 한 결과. 이전과는 전혀 다른 느낌의 화장실이 탄생할 것 같네요.

1차 페인팅을 한 다음 한 시간 잘 말리고, 2차 페인팅 완료. 이렇게 하고 나서 하루 이상 건조한 다음 물을 사용해도 됩니다. 단 뜨거운 물을 이용한 샤워는 일주일 동안은 삼가주세요.

▶▶▶
나머지 소품은 검정색으로 통일성을 살리자!

페인팅만 했다고 마무리된 거 아니죠. 액세서리가 화장의 화룡정점이라면 소품이야말로 인테리어의 마지막 '신의 한 수'라고 할 수 있습니다. 저는 선반용 나무와 몰딩을 근처 목재소에서 구했습니다. 인테리어는 돈만 있으면 편하게 할 수 있지만, 맘만 먹으면 싸면서도 개성 있게 만들어낼 수 있습니다. 저도 처음에 목공소 갈 생각을 어떻게 했겠어요? 인터넷 오픈마켓 제품은 하나같이 아름다우면서도 그만큼 몸값이 남다른데, 다른 방법은 없을까 하다가 떠올린 게 목공소였습니다.

목공소에서 싼값에 자투리 나무를 가져와 재단을 해서 선반용으로 만들고, 천장과 벽을 이어주는 몰딩도 구해왔죠. 색의 통일감을 주기 위해 벽을 페인팅 하고 남은 검은색 욕실페인트로 선반용 나무와 몰딩을 칠해줍니다. **F1-2** 충분히 마를 시간을 주세요.

앞 장의 화장실 리폼은 원목의 느낌을 살리기 위해 소나무를 썼습니다. 하지만 이번 의뢰인의 화장실 리폼은 페인팅을 하기 때문에 더 저렴한 제품을 사용해도 무방했습니다. 그 덕에 자재 단가는 조금이나마 아낄 수 있었지요.

F1-2 선반용 나무와 몰딩에도 블랙의 은총을! 화이트 공간에서 빛나는 블랙 포인트!

화장실 거울에 몰딩 하기

몰딩이란 창틀이나 가구 혹은 건물 내부의 모서리, 가장자리 등을 장식하는 방법을 뜻합니다. 설치해도 되고, 안 해도 되는데 미관상 몰딩을 넣어주면 시각적으로 안정감은 물론 고급스러운 느낌을 연출할 수 있습니다. 화장실 거울에도 몰딩을 넣어주면 색다른 느낌을 줄 수 있는데, 방법은 의외로 간단합니다. 간단한 방법을 소개해드릴게요.

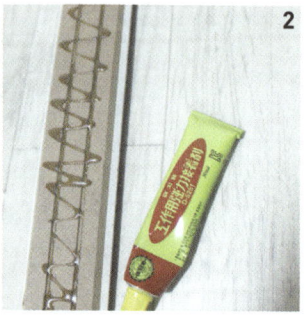

①몰딩으로 쓸 나무에 페인팅을 하고 말려주세요.
②본드로 뒷면을 충분히 바르고 하나씩 붙여주세요.
③'블랙&화이트'의 화룡정점! 블랙테두리의 거울이 완성되고 있어요!

볼일도 모던하게 봐야 할 것 같은
화장실의 탄생!

Before &After

과묵한 상남자의 입을 다물게 한 화장실!

와! 제이쓴…… 아…… 진짜……(긴 침묵).
(제가 며칠 겪어본 결과, 의뢰인은 남자 중에서도 완전 상남자, 제가 머리 털 나고 이렇게 무뚝뚝한 남자사람은 처음 봐서 문화적 충격 비스무리한 느낌을 받았습니다. 나중에 저 정도의 감탄사는 정말 크나큰 기쁨을 담고 있다는 걸 깨달았다죠! 하하. 이분의 속마음이 궁금한 사람은 87쪽으로 이동!)

싱기방기 자취 꿀팁
(화장실과 욕실)

막힌 변기 뚫기

1.5리터짜리 페트병을 위에서부터 1/4 되는 지점에서 동그랗게 오려주세요. 경건한 마음으로 페인병의 오린 부분을 변기 밑바닥에 대고 네다섯 차례 열심히 눌러주세요.(공기를 주입하는 거랍니다.) 너무 신명나게 하다 보면 물이 튈 수 있으니 주의하세요!(특히 입은 꼭 다무시고요.) 어느새 변기도 신명하게 뚫립니다!

막힌 세면대 뚫기

세면대가 막힌 것은 90% 이상이 머리카락 때문인 터! '다이소'에서 파는 갈퀴 모양의 세면대 청소하는 도구(1,000원)를 막힌 세면대에 넣고 귀지 파낸다는 생각으로 긁어주세요! 미역 같은 머리카락을 한가득 수확하는 순간 세면대가 뻥 하고 뚫린답니다!

변기 악취01

매일매일 청소하기도 그렇고, 그냥 내버려두기는 향기가 너무 그윽하고! 이럴 땐 샤워하면서 양치질하고 입속에서 3분 동안 숙성된 거품을 변기에 뱉어주세요! 변기와 거품이 부비부비할 수 있는 미팅 시간을 잠시 두었다가 샤워 끝마치고 물을 내려주세요. 효과 만점!

변기 악취02

위의 해결방안이 재밌기는 한데, 자기 스타일하고 안 맞다고 생각하시는 분들을 위한 '변기 악취제거 2탄' 시작합니다. 살다 보면 자연스레 멀어지는 관계는 비단 사람하고만 있지는 않죠? 혹시 사뒀다가 서먹해진 린스 있나요? 그 린스 놀리지 말고, 변기를 닦아보세요. 변기뿐 아니라 욕실바닥, 세면대, 싱크대, 유리, 거울을 닦아도 만점 효과!

배수구 냄새

배수구에서 머리카락을 제거한 다음 베이킹소다 한 컵과 식초 한 컵을 부어주세요. 부글부글 끓어오르는데, 10분 가량 놔둔 다음 팔팔 끓는 물을 부어주면 끝! 참, 지층에서 살고 계신 분들 중에 배수구에서 벌레가 들어온다고 걱정하신 분들을 위한 꿀팁 하나 더 투척합니다. 시중에 '배수구 트랩'이라는 제품이 따로 나와 있어요! 철물점에서 만 원 정도에 구입할 수 있습니다!

수도꼭지와 거울에 낀 물때 제거

세정제를 빡빡 문질러줘도 소용없는 수도꼭지와 거울 물때! 제가 군대 있을 때 배운 건데요, 못 쓰는 칫솔에 치약을 묻혀 슥삭슥삭 닦아주면 새 제품마냥 깨끗해진답니다. 린스를 스펀지나 천에 묻혀 거울을 닦아줘도 물때를 제거할 수 있습니다!

화장실 줄눈에 낀 곰팡이 제거

잠들기 전 화장솜 혹은 휴지에 락스를 묻힌 다음 곰팡이가 모락모락 피어난 자리에 감기 걸릴 새라 이불 덮어주듯 꾹꾹 눌러놓으세요. 아침에 일어나서 보면 곰팡이들은 이불도 걷어차지 않고 어느새 가출해 있을 거예요!

물 살 약해진 샤워기 처방

자취방의 샤워기 물살이 영 시원치 않으신가요? 원래 수압이 낮은 곳이 아니라면 샤워기가 문제일 수 있습니다. 더 정확히 말씀드리자면 샤워기 구멍 사이에 찌꺼기와 찌든 때가 끼어 있을 가능성이 높죠. 식초와 베이킹소다를

1:1 비율로 해서 물과 함께 비닐봉지에 섞고, 여기에 샤워기를 담가놓고 하룻밤 정도 놔두세요. 자고 일어나면 한층 더 강한 물살로 쾌적한 샤워를 할 수 있을 거예요.

'제이쓴'표 자취방 인테리어의 모든 것

작은방 인테리어 01

투톤 컬러로
눈물 나게 아늑한
내 공간 만들기

의뢰인 남성/ 31세/ 항공조종사
주거형태 오피스텔/ 18평
공간특징 북향이지만 전체적으로 채광이 좋음. 천장 또한 높아 집이 훨씬 넓어 보임. 하지만 벽지 상태가 좋지 않음.

의뢰내용

제이쓴, 예전에 살던 집보다 넓은 집으로 이사를 오게 됐습니다. 이참에 내 취향대로 살고 싶은 꿈도 점점 부풀고 있어요. 그래서 원하는 색상의 페인트도 사놓았는데. 대체 어디서부터 손을 대야 할지 모르겠네요. 인테리어라는 게 원래 이렇게 어려운 일인가요?

잠깐만요! 오지랖프로젝트 하면서 20평 가까이 되는 오피스텔을 의뢰 받기는 처음이에요. 일단 놀란 가슴 좀 진정시킬게요.(꿀꺽.)

다행히 채광이 좋으니까 컬러를 어둡게 써도 되고, 밝게 써도 되겠네요. 의뢰인께서 남자사람인 점을 감안해서 집 안에서 동선을 줄이고, 깔끔하고 아늑하게 만들어볼까 합니다.

준비물과 비용

준비물	비용	파는 곳
조색한 내부수성용 페인트: 던애드워드 페인트(에베레스트 계란광) 4L 두 통	194,000원 (각 97,000원)	나무와사람들 (온·오프라인)
페인트용 롤러 175mm	2,000원부터	페인트가게, 동네 철물점
마스킹테이프	1,000원부터	페인트가게, 동네 철물점
페인트용 트레이	1,000원부터	페인트가게
알루미늄 블라인드 화이트 120×235cm (2개를 연결)	72,000원	오픈마켓(롯데아이몰→코디하임)
선반(스프러스)	12,000원	대형마트(홈플러스)
브래킷(선반 받침대) 2개	7,200원 (개당 3,800원)	대형마트(홈플러스)
& 목장갑		

총 289,200원

작업멘트

※ 페인트의 구체적인 정보: 던애드워드 페인트로 조색번호는 '하늘색-DE 5800, 베이지색-DEW318'입니다.

※ 페인트를 조색하고 나면 환불이 불가능합니다. 조색할 때 꼭 신중을 기하세요.

※ 이번 작업은 의뢰인이 직접 재료를 구입해서 '저비용'을 추구하는 제 의도와는 다르게 '몸값' 하는 페인트를 쓰게 되었습니다. 때문에 제가 엄두도 낼 수 없는 비용이 나왔습니다.

※ 페인트로 벽을 칠할 땐 175mm 롤러를 추천합니다.

작업시간

천장을 제외한 페인팅 2회. 1회당 약 2시간.(1회당 페인트 건조시간은 최소 2시간으로 해주세요!)

▶
**호화 인테리어를
할 수 있었던 사연**

사실 블로그를 통해 의뢰인의 쪽지를 받고 고민을 많이 했습니다. 내용을 확인해보니 18평짜리 오피스텔을 통으로 바꿀 생각을 하고 있다는데, 사는 곳은 서울 강서구의 가양동! 제 자취방에서 가양동까지 가려면 왕복 세 시간은 기본. 게다가 지금껏 작업한 공간은 아무리 커봐야 10, 11평짜리 원룸이어서, 18평의 공간이 부담스럽기도 했습니다. 그렇게 며칠을 고민하고 있는데, 다시 한 번 쪽지가 도착했습니다. 스스로 페인트를 구매하고 한쪽 벽을 혼자 칠하고 있다는 소식! 쪽지를 확인하자마자 태평양도 성에 안 차는 제 오지랖이 발동하고 말았습니다.

의뢰인은 마스킹테이프까지 꼼꼼하게 해놓고, 한쪽 벽에는 벌써 페인트칠까지 해놓으셨더라고요.**A** 공간도 정말 여느 원룸과 달리 축구장만큼 넓은데, 여길 혼자 페인트칠을 하려고 했다니! 그러다 무심코 페인트와 눈이 마주치는 순간, 기절할 뻔했습니다. 이 페인트는 바로 페인트계의 '샤넬', 던애드워드! 대체 돈이 얼마나 들었는지 물어봤더니 페인트 다섯 통에 이런저런 부자재를 사는 데만 30만 원이 들었다고 합니다.**B**

의뢰인 덕에 뜻하지 않게 호화 인테리어 작업을 누리게 되었네요! 자취방 벽을 칠하겠다고 인터넷으로 검색에 검색을 해서 4L짜리 한 통을 만 원도 안 되는 가격에 구입하던 제가 이런 페인트 호사를 누리다니요!

마음을 가다듬고 작업에 들어갑니다. 이제 내부수성용 페인트쯤은 어떻게 써야 하는지 잠꼬대로도 설명할 수 있죠? 이렇게 물으면서도 상세한 설명 들어갑니다. 먼저 페인트를 트레이에 넣고 물은 페인트 양의 5%로 섞어주세요. 롤러로 충분히 묻혀주면 페인트칠할 작업은 완료!**C1**

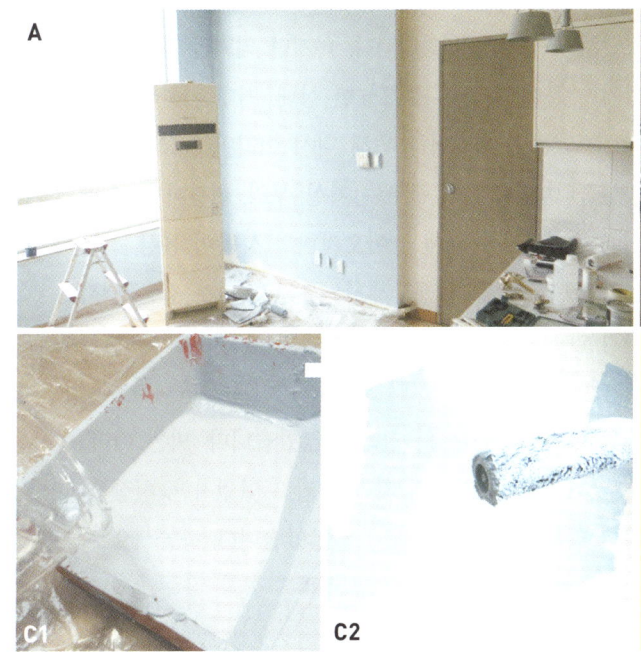
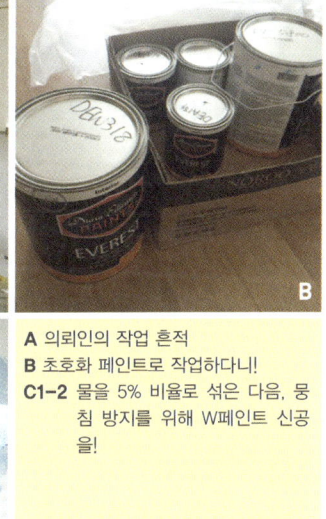

A 의뢰인의 작업 흔적
B 초호화 페인트로 작업하다니!
C1-2 물을 5% 비율로 섞은 다음, 뭉침 방지를 위해 W페인트 신공을!

페인트는 M 혹은 W 모양으로 칠합니다.**C2** 이렇게 칠하면 페인트가 뭉치지 않고 고르게 발린답니다. 만약 페인트가 뭉쳐 여러분도 모르는 사이에 흐르면 그 발자취를 따라 눈물자국이 생깁니다. 때문에 페인트칠을 할 때는 꼭 주의를 하셔야 합니다!

▶▶
**공간에
섹션을 두어
투톤 컬러를 배치!**

사실 저는 메인 색상을 '라이트 그레이'로 해서 차분하고 모던하게 꾸미고 싶었습니다. 하지만 의뢰인이 조색을 해왔기 때문에 환불이 불가능한 상태. 최대한 하늘색을 살릴 수 있는 인테리어를 위해 다시 이리저리 궁리하기 시작했습니다. 이 집의 구조는 거실, 부엌, 현관이 쭉 연결되어 있습니다.**D** 현관에 들어오자마자 사방이 온통 하늘색이라면…… 아무리 생각해도 금방 질릴 것 같은 생각이 관자놀이를 스쳐가는 터! 거실에 섹션을 나누어 하늘색과 베이지색, 두 가지 색상으로 꾸미기로 했습니다.

천장은 따로 페인트를 칠하지 않았습니다. 벽은 이미 묵은 때와 먼지가 떡하니 자리를 잡고 있었지만, 천장은 따로 작업하지 않아도 상태가 괜찮았습니다. 하늘색으로 포인트를 준 깔끔한 공간, 작업 중!**E**

**블라인드로
깔끔한 '차도남'
(인 척하는)
이미지 효과**

이 집은 창이 넓어서 커튼을 해도 무방합니다. 의뢰인을 통해 재미있는 이야기를 하나 들었는데요. 의뢰인이 샤워하고 아무 생각 없이 거실로 나왔다가 후다닥 욕실로 뛰어들어갔다고 합니다. 그러면서 커튼이든 뭐든 꼭 달아야겠다고 다짐했대요.

이 집은 북향으로 채광이 남향보다 좋은 편은 아니라서 하루 종일 커튼을 치고 살 수가 없었어요.(제이쓴은 사람이

D 거실, 부엌, 현관이 '한큐'에 이어지는 구조!

E 아늑한 하늘색 페인팅!

햇빛은 보고 살아야 한다고 생각하는 1인!)

그래서 햇빛도 어느 정도 스며들면서 공간을 가릴 수 있는 알루미늄 블라인드를 설치하기로 했습니다. 남자 혼자 사는 오피스텔에 블라인드를 달아놓으니까 공간이 깔끔하고 정갈한 느낌이 들더라고요.**F**

블라인드까지 설치하니까 이제 남은 것은 공허하게 남은 벽. 먼저 벽의 용도에 대해 의뢰인과 이야기를 나누었습니다. 보아하니 짐도 많이 없고, 오히려 휑해 보이는 것이 문제였습니다.(자취방에 살면 보통은 짐이 많아서 문제인데 말이죠.) 그렇다면 좋아하는 사진이나 큰 포스터를 걸 거나 선반을 설치하는 게 좋습니다. 너무 많은 걸 채우려고 하면 되레 답답해 보일 수 있고, 트여 있는 듯한 하늘색 공간을 살려두는 게 여러 모로 나아 보이기도 했습니다. 의뢰인은 곰곰이 생각하더니 사진을 거는 것보다 작은 소품들을 놓을 수 있는 선반이 있었으면 좋겠다고 하더군요.**G1-2**

선반은 인터넷으로 저렴하게 구입할 수 있습니다. 하지만 '내 성격상 도저히 기다릴 수 없다! 쇠뿔도 단김에 뽑아야 한다'는 상남자, 상여자 분들(저와 의뢰인 포함)은 '홈플러스'나 '이마트' 같은 대형마트의 DIY 코너로 달려가세요! 브래킷(선반받침대)과 사이즈에 맞는 원목 선반을 손쉽게 구입할 수 있답니다!

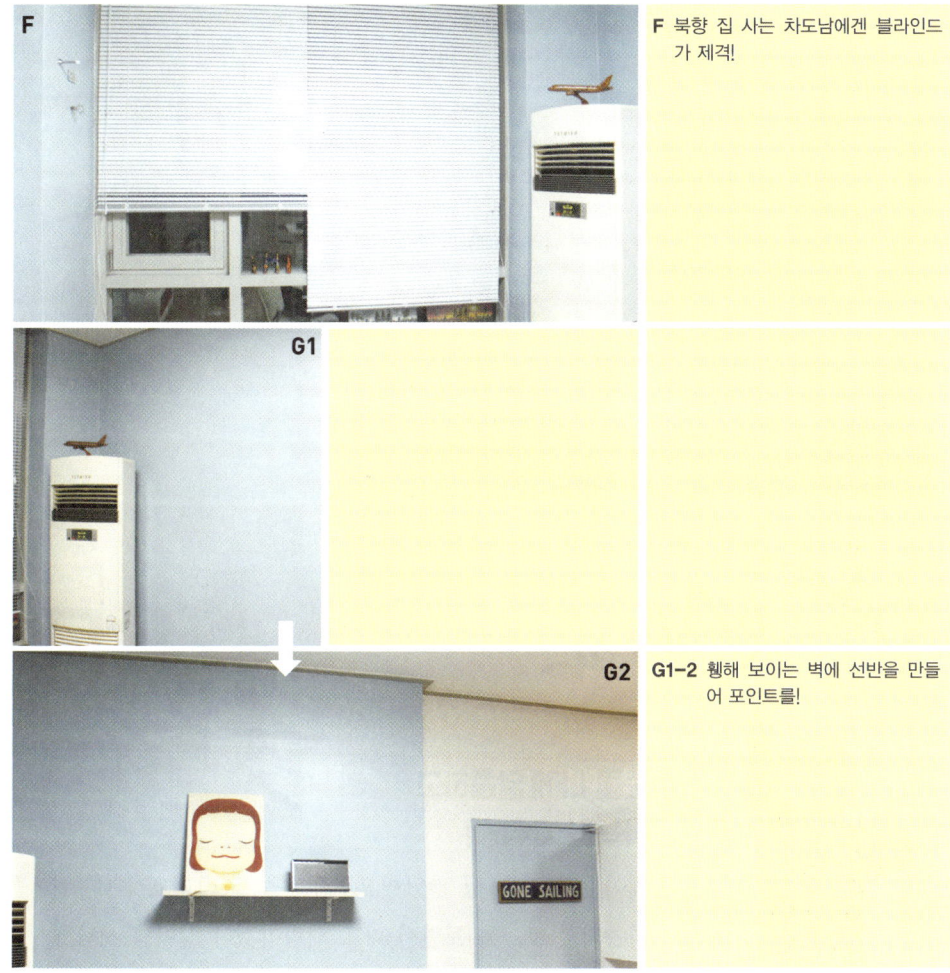

F 북향 집 사는 차도남에겐 블라인드가 제격!

G1-2 휑해 보이는 벽에 선반을 만들어 포인트를!

심플하면서도 아늑한 공간으로 탈바꿈!

눈물 나게 달콤하고 아늑한 자취방!

제이쓴, 정말 고생 많았어요! 정말 눈물 나려고 하네. 제이쓴의 블로그를 보면서 나도 해봐야겠다 싶어서 시작했는데 보통 일이 아니더군요. 헌데 제이쓴과 함께 작업하고 요령을 들어보니 (물론 힘은 들지만) 포기할 정도는 아니었네! 덕분에 아늑하고 편안한 내 집이 생겼어요! 정말 감사합니다!

작은방 인테리어02

'컨셉 → 컬러 → 가구'만 정하면 자취방 인테리어의 90%가 완성

참고인1	남성 26세/ 군 장교 전역
주거형태	빌라 반지하(3층 중)/ 11평.
공간특징	반지하지만, 창이 크고 많아서 환기는 잘됨. 햇빛이 잘 안 들고, 오래되어 내부가 낡은 느낌을 줌.

참고인2	남성, 31세, 항공조종사
주거형태	오피스텔/ 전세/ 18평.
공간특징	북향이지만 전체적으로 채광이 좋음. 천장 또한 높아 집이 훨씬 넓어 보임. 하지만 벽지 상태가 좋지 않음.

의뢰내용

계약이 만료되어 드디어 이사를 하게 되었습니다. 지금껏 살아온 곳은 5평 정도 되는 작은 방들! 이번에는 큰맘 먹고 투룸으로 이사를 하게 되어 너무 기쁩니다. 하지만 막상 이사하고 보니 작은 방에만 살아오면서 작은 공간에 익숙해진 걸까요, 공간 채우는 게 예상 외로 어렵네요. 휑하니 비어 있는 공간을 보면 왠지 모르게 마음도 휑하고. 그렇다고 제가 인테리어 감각이 있는 건 아니라서 어떻게 꾸며야 할지 모르겠습니다. 방 하나는 거실처럼 쓰면 되는데, 나머지 방 하나는 어떻게 꾸미면 좋을까요?

제이쓴의 진단

제가 1년 넘게 셀프인테리어를 하면서 느낀 게 있습니다. 초반만 해도 인테리어 관련 문의를 하는 분은 거의 대다수가 여성분들이었어요.(그렇다고 제이쓴이 절대 여자사람만 도와준 건 아님.)

하지만 요새는 남성분들에게 많은 문의가 폭주하고 있습니다.(그렇다고 제이쓴이 남자사람을 좋아하는 건 아님.) 기성 세대와 달리 피부미용과 패션에도 관심이 많은 제 또래의 남성들은 이렇듯 인테리어에도 관심을 기울이고 있답니다. 남자사람 자취방이라고 해서 더 이상 술병과 옷가지가 널브러진 시금털털한 공간을 상상하면 곤란합니다.

하지만 처음으로 빈 공간을 맞닥트리게 되면 여자사람보다 남자사람이 좀 더 고민하게 되는 것은 사실입니다. 이번에는 남자 자취인을 위한 작은 방 인테리어에 대해 살펴보겠습니다.

준비물과 비용

준비물	비용	파는 곳
내부수성용 페인트 (화이트)	10,000원부터	KCC (온·오프라인에서 구입)
페인트용 트레이	1,000원부터	페인트가게, 동네 철물점
7인치 롤러	1,000원부터	페인트가게, 동네 철물점
마스킹테이프	1,000원부터	동네 철물점
커버링테이프	1,000원부터	동네 철물점
& 목장갑		
	총 14,000원	

작업멘트

※ 조색이 필요 없는 화이트를 구입하려 한다면 인테넷 오픈마켓을 이용하세요. 최저가 검색을 하면 'KCC 숲으로(SE 내부용)' 제품을 배송비 포함 약 1만 원 안 되는 가격으로 구입할 수 있습니다!

※ 벽 페인팅 작업에서 젯소는 필요하지 않습니다.

작업시간

보통 페인팅은 두 시간(2회 기준)이 걸립니다.

▶
**직장 다니는
'따도남
(따뜻한 도시 남자)'의
자취방**

방을 어떻게 꾸미느냐를 생각하기에 앞서 그 공간을 어떻게 활용할지 먼저 고민하는 게 우선입니다. 비슷한 말 같지만, 접근방법이 다릅니다. 무슨 소리냐 하면 공간 활용에 대한 고민 없이 '어떻게 꾸미느냐'에 초점이 맞춰지면 '인테리어를 위한 인테리어'가 되고 맙니다. 인테리어를 너무 어렵게 생각하지 마세요. 빈 공간이 생겼다고 뭘 꾸미거나 채울 필요는 없습니다.

하지만 의뢰인은 휑한 공간을 보면 마음까지 휑하다고 하니 어떻게 꾸밀지 생각을 해볼까요? 사람이 사는 데 가장 필요한 건 의식주! 거실로 쓸 공간이 있다면 다른 여유 공간은 푹 쉬고, 잘 수 있는 공간으로 만들면 어떨까요? 의뢰인이 공간에 대한 뚜렷한 컨셉이나 희망하는 것이 없다면 말이죠.

사진 속의 침실은 「작은방 인테리어01」 편(165쪽)에서 등장했던 남성 의뢰인의 자취방입니다.(헌데 베개가 두 개여서 그런가요, 신혼집 분위기가 느껴지지 않으세요? 하하.)**A** 이분 또한 투룸으로 이사하면서 공간에 여유가 생겼는데, 아예 방 하나를 푹 쉬고, 푹 잘 수 있는 곳으로 만들었습니다. 사실 짐이 많지 않고, 심플하고 깨끗한 실내 분위기를 좋아하는 남성분들의 자취방은 인테리어의 기본적인 요소만 바꿔줘도 공간이 확연히 달라집니다. 이 집이 그러했죠.

이 집의 원래 벽지 색깔은 사진과 같았습니다.**B** 손때와 묵은 때가 공간싸움을 하듯 벽지를 잠식하고 있었습니다. 그 때문에 원래 이 집은 채광이 좋은데도 실내가 어두워 보이더군요.

자, 여러분. 지금 이 집의 인테리어 작업 중 가장 필요한 건 뭘까요?(처음서부터 여기까지 책을 읽어오신 분이라면 대답

A 아예 영혼까지 쉴 수 있는 침실로!

B 손때와 묵은 때가 자리 잡은 벽지

하셔야 하는데? 제가 다 초조해지는데요!) 그렇죠, 바로 페인팅입니다!

복습을 하고 넘어가볼까요? 내부수성용 페인트를 바르려면 무엇부터 해야 하나요? 물을 섞어줘야 합니다. 페인트 양의 5% 내외로. 사실 내부수성용 페인트는 원액을 사용해도 되긴 하지만, 페인트를 벽에 더 잘 바르기 위해서 물을 살짝 넣어주면 작업을 더 편안하게 할 수 있습니다. 페인팅을 여러 번 해야 한다면 트레이에 비닐을 씌우고 사용하세요. 세척이 필요 없습니다.C

페인트는 M 혹은 W 모양으로 펴주면서 칠을 해주세요. 내부수성용 페인트는 전체적으로 1회 페인팅을 한 다음 손으로 만져보고 건조됐다 싶으면 바로 다시 한 번 칠을 해주세요. 페인트는 건조하고, 기온 높고, 햇빛이 쨍쨍한 날씨에 해주는 것이 딱 좋습니다. 간혹 몇몇 분이 비가 오는데 페인팅 작업을 할지 말지 모르겠다며 저한테 문의하시기도 하는데, 요샌 페인트의 성능이 좋아져서 실내에서는 페인팅해도 됩니다. 하지만 날씨 탓에 건조되는 시간은 평소보다 두 배 이상 걸립니다. 때문에 저는 햇빛 좋고, 신선한 날을 골라 작업합니다.

손때, 묵은 때는 물론 채광마저 빨아들이듯 먹어버리는 벽을 흰색 페인트로 칠해놓으니 깨끗함은 물론 공간마저 넓어 보이죠?D 원룸에 사는 분들이 페인트 색을 추천해 달라고 하면 저는 대개 흰색을 권유합니다. 왜냐? 좁은 공간을 넓어 보이게 하는 효과는 물론, 어떤 색상의 가구나 인테리어 소품과도 잘 어울립니다. 무엇보다 중요한 결정적인 선택의 이유! 흰색 페인트는 페인트 중에 가장 저렴합니다!('KCC 숲으로' 4L 기준 최저가 8,900원)

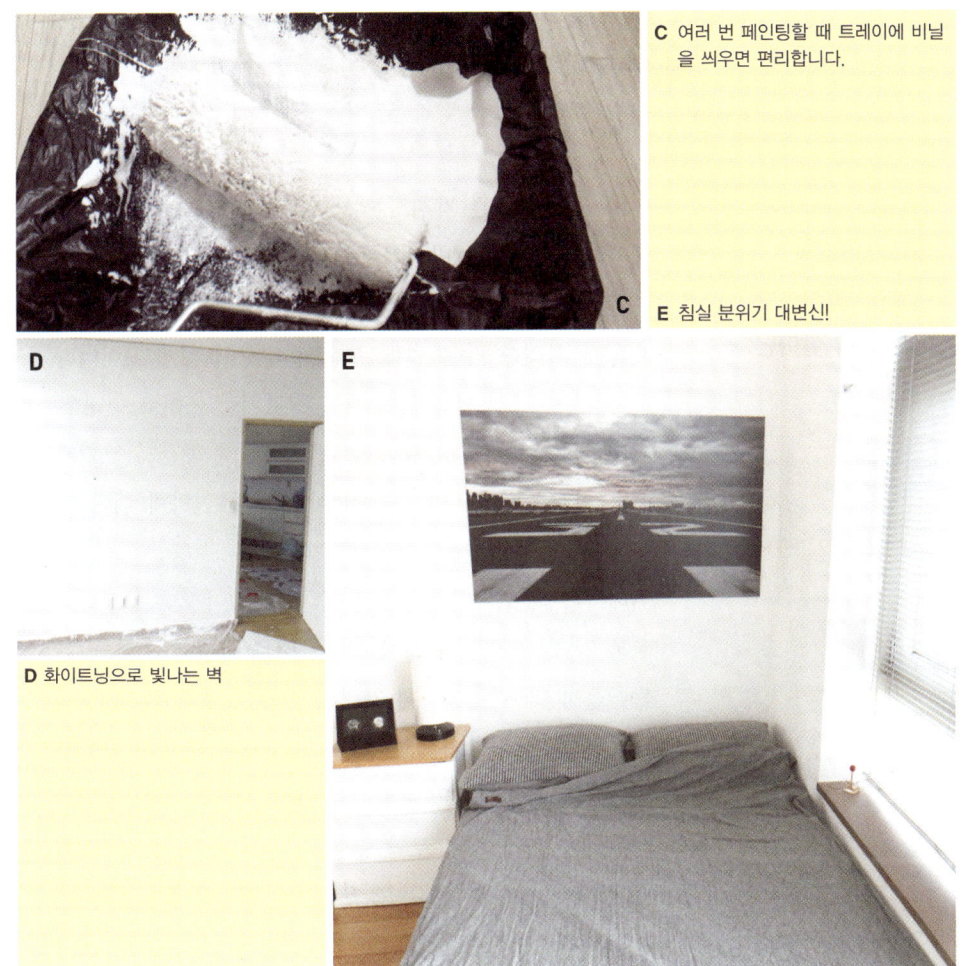

C 여러 번 페인팅할 때 트레이에 비닐을 씌우면 편리합니다.

D 화이트닝으로 빛나는 벽

E 침실 분위기 대변신!

페인팅만으로 분위기를 바꿀 수 있습니다. 페인팅을 하고 난 다음 커튼과 블라인드만 같은 색으로 톤을 맞춰준 것만으로 모던한 분위기를 연출할 수 있습니다.**E** 인테리어를 하고 싶은데, 특별히 바라는 건 없지만 무난한 걸 선호하는 남자분들이라면 많은 힘을 들이지 않고도 심플하면서 아늑한 공간을 만들 수 있습니다.

▶▶
**바닥과 벽의
컬러만 맞춰줘도
통일감이 살아난다**

이번에는 또 다른 자취하는 남자사람의 방을 볼까요? 앞에서 본 자취방과 마찬가지로 이곳 또한 투룸입니다. 집주인은 군에서 전역한 지 얼마 안 된 젊은이. 전역 직후 서울에 자리를 잡은 탓에 투룸이 굉장히 넓게 보이더라고 했지요. 사실 처음엔 이 방을 창고처럼 쓰려고 했대요. 헌데 제가 보기에 반지하인데도 채광이나 공간의 크기가 너무나 아깝더라고요. 그래서 이곳 또한 편하게 쉬고 잘 수 있는 방으로 만들기로 했습니다.

인테리어 작업하기 전의 모습입니다.**F** 그야말로 반지하의 표본 같죠? 의뢰인의 이야기를 들어보니 집 안으로 비가 들어올까 봐 문을 닫아놓았대요. 그러고 나서 두 달이 지났다는데, 환기가 아예 안 되다 보니 습기도 엄청나게 차 있었습니다. 의뢰인은 곰팡이와 습기가 너무 많이 번져서 아무래도 혼자 하다 보면 일도 커지고 잘못되면 안 되겠다 싶어서 도배와 벽지는 전문업체에 맡겼답니다. 혼자 감당할 수 없을 만큼 상황이 커진 건데, 집은 무엇보다 관리가 중요합니다. 그중에서도 환기가 중요하다는 것, 꼭 기억하세요!

회색벽지! 벽지 고를 때도 제가 함께했습니다.**G** 사실 저도 벽지 고를 때 고민을 많이 했어요. 같은 그레이라도 잘

F 성형 전의 반지하 방의 모습

G 고심 끝에 '그레이'로 모험을 선택!

못 선택하면 공간이 실제보다 좁고 답답해 보이거든요. 하지만 잘 고르면 흰색에 비해 질리지 않고 더욱 모던한 느낌을 살릴 수 있습니다. 게다가 이곳은 잠을 자거나 푹 쉴 수 있는 공간 컨셉을 잡아서 은은한 그레이가 잘 어울릴 거라 생각이 들었습니다.

전문업체를 찾아가면 합지는 무엇으로 하냐, 소폭이냐, 대폭이냐 등등 생소한 용어를 듣게 됩니다. 때문에 보통 첫발이 닿는 곳에 맡기는 경우가 많습니다. 특히 남자사람님들! 하지만 절대로 그렇게 하지 마세요. 아무리 인터넷이 발달했다고 해도 발품을 파는 것이 가장 최선입니다. 업체에 견적을 내보고, 다른 업체를 찾아가서 비교를 해보세요. 그렇게 하다 보면 생소한 용어도 귀에 들어오고, 어느 정도 가격이 형성되어 있는지 감을 잡을 수 있습니다. 그 결과 제 의뢰인도 장판과 도배는 조금 더 저렴하게 할 수 있었습니다.

형광등 대신에 레일등을 달고 보니 분위기가 훨씬 사는 것 같네요.ᴴ 그레이 톤의 벽지도 레일등 불빛을 받으니 더욱 은은해 보이고요. 이런 분위기라면 책을 읽어도 좋고, 음악을 들어도 좋고, 잠도 아주 푹 잘 잘 수 있겠죠? 제가 셀프인테리어를 하면서 가장 중요하다고 느낀 것이 바로 바닥과 벽의 컬러입니다! 휘황찬란한 포인트 꽃 벽지를 발랐다고 해도 노란 장판을 깔아놓으면 어떤 일이 벌어질까요? 제아무리 값비싼 가구들을 들여놓는다고 해도 촌스러움은 감출 수 없을 겁니다. 바닥과 벽이 조화를 이루면 가구나 침대, 커튼 등이 튄다고 해도 크게 문제되지 않습니다. 바닥과 벽에 맞게 리폼을 해줘도 되고요.

지금까지 페인팅을 시작으로 커튼, 블라인드, 조명, 선반, 냉장고, 싱크대 등 개별적인 인테리어를 거쳐 화장실 그리고 작은 방까지 공간을 확대해서 이야기를 하고 있는데요. 작은 방(원룸이라 생각하셔도 좋습니다)에 대한 인테리어에 대해 정리를 해보겠습니다.

무엇보다 가장 중요한 것은 자신의 컨셉을 정하는 것입니다.(중요도는 별 다섯 개이자, 10점 만점에 10점!) 화이트 바탕에 원목으로 포인트를 줄 것인지 혹은 '블랙&화이트'로 모던하게 꾸밀지, 빈티지하게 연출할지 등 기본적인 컨셉을 정해야 인테리어의 중심이 되는 색상을 결정할 수 있습니다.

컬러를 결정했다면 벽에 페인팅을 하든 도배를 하든 전체적인 분위기를 좌우하는 공간을 정하세요. 그 공간의 컨셉 또한 정해야 합니다. 푹 쉬고 싶으면 침대를 놓을 수도 있고, 침대와 소파를 겸용할 수 있는 소파를 떠올릴 수도 있을 겁니다. 아니면 테이블과 의자를 놓고 싶을 수도 있어요. 이렇듯 공간을 어떻게 활용할지 정해야 자신이 가지고 있는 가구를 리폼 할지, 새로 구입할지 결정할 수 있습니다.

침구나 블라인드 등 굵직한 인테리어 물품은 새로 구입을 하든 리폼을 하든 가급적 컬러 톤을 비슷하게 맞춰주세요. 예를 들어 위에서 살펴본 첫 번째와 두 번째 자취방처럼 모던한 느낌을 선호한다면 그레이, 블랙, 화이트 세 가지 컬러만 써서 인테리어를 해보세요. 좀 심심하다 싶으면 레드나 옐로우같이 대비되는 색상의 아이템을 놓아주면 포인트가 될 수 있어요!

저는 보통 세 가지 컬러를 결정하고 활용합니다. 왜냐고

◀◀◀
**초간단!
자취방 인테리어
디자인하기**

요? 집 안에 색상이 너무 많이 배치되면 과한 느낌을 받을 수 있고, 산만해질 수 있거든요. 특히 제가 생각한 작은 방은 잠을 자거나 푹 쉴 수 있는 공간을 컨셉으로 삼아서 밝고 화려한 컬러보다는 은은하고 아늑한 느낌을 줄 수 있는 데 포인트를 주었습니다.

빈티지 느낌으로 방을 꾸미고 싶은 분들도 많을 텐데요. 제가 인테리어를 한, 빈티지 느낌의 자취방을 잠깐 보여드리겠습니다.! 사진을 보시면 아실 텐데요, 이 집도 마찬가지로 벽은 화이트, 바닥은 화이트오크로 배경을 차분하게 연출했습니다. 심심하지 않게 형광등 대신 검은색 레일등, 민트색 침구 등 소품에 포인트를 주었습니다. 화이트 톤의 벽과 바닥에 전체적으로 톤이 다운된 컬러를 활용하면 빈티지한 느낌을 살릴 수 있습니다.

H 레일등으로 분위기를 한층 더 아늑하게 연출하기

I 빈티지하게 방 꾸미기

컬러가 빚어낸 자취방의 아늑함

공간의 컬러가
자취방의 분위기를 좌우한다!

인테리어라는 게 쉽게 생각하면 쉽고, 어렵게 생각하면 어렵습니다. 자취방 인테리어는 너무 복잡하게 생각하지 마세요. 컨셉과 컬러를 정하고, 그에 맞춰 가구를 배치하면 어느 정도 '그림'을 그릴 수 있습니다. 여러분의 개성이 가득 담긴, 세상에 하나밖에 없는 자취방을 기대합니다.

제이쓴日

작은방 인테리어 03

소녀의 순수함과 숙녀의 감성을 일깨운 파스텔톤 자취방

의뢰인 26세/ 여성/ 회사원
주거형태 원룸빌라 2층(5층 중) / 전세/ 8평/ 북향
공간특징 북향이라 채광이 좋지 않은 편. 하지만 환기가 잘되어 곰팡이나 습기가 없음.

의뢰내용

인터넷에서 인테리어 관련 자료를 찾아보니까 제이쓴을 비롯해서 정말 많은 사람들이 아늑하고 멋진 자기만의 자취방을 갖고 있더라고요. 근데 왜 여자인 제 자취방은 마땅한 방법이 없을까요? 지금 살고 있는 집은 예전에 살던 곳에 비해 넓어서 좋은데, 어떻게 꾸미는 게 좋을까요? 막상 꾸미려고 보니 막막하네요. 그렇다고 남들하고 비슷비슷한 자취방을 만들기는 싫어요. 풍문으로 듣자니 제이쓴은 자취방을 마법처럼 바꿔준다면서요! 저 좀 도와주세요!

의뢰인이 갖고 있는 가구들을 둘러보았더니 원목과 화이트 톤이 많더군요. 제가 원룸을 인테리어 할 때 가장 중요하게 생각하는 것이 벽과 바닥의 컬러라고 말씀드린 거 기억하세요? 컬러를 결정할 땐 자취방에 있는 가구와의 조화도 생각해봐야 합니다.

원룸에서는 컬러를 화이트로 선택하면 좁은 공간이 커 보이고, 색깔도 무난합니다. 하지만 의뢰인의 방을 화이트로 선택하면 자칫 병원 느낌이 물씬 들 수도 있겠어요!

이번 작업의 컬러는 회색과 하늘색이 적절히 섞인 벽과 화이트오크의 바닥! 여자사람이 살고 있는 곳인 만큼 훨씬 더 밝고 아늑한 파스텔톤의 자취방을 만들어보겠습니다.(근데 작업도 하기 전에 고생길이 보인다, 보여!)

준비물과 비용

준비물	비용	파는 곳
페인트: 내부수성용 삼화페인트 홈파스텔 4L 1통	45,000원	삼화페인트 (온·오프라인)
데코타일: 하나리빙데코 비점착 데코타일(노르딕 화이트) 5박스	86,000원 (박스당 17,200원)	하나리빙데코 (온·오프라인)
본드: 자연풀(온돌용) 4kg	18,000원	하나리빙데코 (온·오프라인)
페인트용 트레이, 플라스틱헤라	2,000원부터 (각각 1,000원부터)	페인트가게
붓, 롤러	2,000원 (각각 1,000원부터)	페인트가게
마스킹테이프 & 커터칼, 볼펜	1,000원부터	동네 철물점
	총 154,000원	

걸레받이(202쪽 참조)

준비물	비용	파는 곳
걸레받이용 목재 3950×120×20cm 1개	5,500원(개당)	대신특수목재 (www.wood21.co.kr)
목공용 본드	1,000원부터	
	총 6,500원	

작업멘트

※ 페인트의 구체적인 정보: 삼화 페인트 홈파스텔로 조색번호는 '컬러 D632(2010년)'입니다.

※ 본드는 데코타일 주문시 옵션에서 검색이 가능합니다!

※ 목재는 인터넷으로 구입할 때 옵션에서 재단까지 선택할 수 있습니다.

작업시간

페인팅 2회: 4시간, 데코타일: 3시간

▶
**소녀의 순수함과
숙녀의 감성을
충족하는
여성스러움의 대명사
파스텔톤!**

앞에서 여러 번 말씀드렸다시피 내부수성용 페인트는 꼭 물을 섞어야 합니다. 페인트를 원액 그대로 칠하려면 굉장히 힘들어요. 인테리어 해서 제대로 좀 살아보려고 페인트칠을 했다가 다음 날엔 때 이른 오십견을 경험하실 거예요. 제이쓴은 내부수성용 페인트를 쓸 때 물을 5% 섞습니다. 과유불급! 페트병 뚜껑 한 번이면 되더라고요! **A1-3**

페인팅할 때는 기본적으로 롤러를 쓰면 됩니다. 붓으로 작업해도 상관없느냐고 묻는 분들이 있는데, 붓은 아무래도 자국이 남습니다. 롤러는 자국 없이 깨끗하게 발리니까 붓으로 페인팅할 곳은 가능한 한 최소로 남겨놓으세요. 완성하고 나서 보면 엄청난 차이가 느껴집니다.

1차 페인팅을 하고 나서 한 시간 정도 건조하면 원하는 컬러가 나옵니다. 확실히 칠할 때와 칠하고 나서의 색이 뚜렷하게 대비되죠? 페인트 가게에서 조색을 막 마친 페인트는 원하는 색상보다 살짝 밝지만, 칠하고 나서 건조하면 원하는 색상에 가까워집니다.

아무리 꼼꼼히 한다고 해도 페인트칠은 한 번으로 부족합니다. 페인팅 작업 마치고 나서 가구며 물건 정리하고 나면 벽을 손대는 게 만만치가 않습니다. 큰맘 먹고 페인팅을 한다면 '꼼꼼'에 '꼼꼼'을 기해주세요. **B1** 때문에 암만 생각해도 2차 페인팅은 여러분에게 '강조'에 '강조'를 거듭할 수밖에 없네요. 살펴보면 분명 1차 페인팅 때 놓치고 간 부분이 존재하기 마련입니다. 이런 부분은 더욱 신경을 써서 페인트칠을 해주세요.

1차 혹은 2차 페인팅을 하다 보면 페인트 발린 곳이 뜰 수 있습니다. 이보다 더 심하게 젖먹이 어린아이처럼 엉엉 우는 아이들(?)도 있는데, 잘 말리고 나면 다시 원래대로

A1-3 물을 5% 정도 섞어 롤러에 페인트를 골고루 묻힌 다음 W자로 페인팅을!

▶▶ 데코타일로 자취방 바닥에도 품격을 깔아줍시다!

돌아오니까 너무 걱정하지 마세요. **B3-4**

저는 벽을 먼저 작업하고 바닥재를 깔았습니다. 페인팅을 하다가 페인트가 바닥에 떨어질 수도 있습니다. 바닥재를 먼저 작업해놓으면 지우고 닦는 일을 해야 하잖아요. 때문에 벽과 바닥 작업을 모두 해야 한다면 벽 먼저 작업해줘야 불필요한 노동을 줄일 수 있습니다.

이제 바닥을 손볼까요? 우선 기존 바닥재를 돌돌 말아주세요. 이걸 분리수거함으로 가져가야 하는지, 주민센터에서 스티커를 받아서 버려야 하는지 어떻게 처리해야 할지 난감하신가요? 걱정 마세요. 깔끔하게 말아서 묶어놓으면 동네에서 파지 모으는 분들이 잽싸게 가져갑니다. 제가 작업을 한 날은 평일 저녁이었는데, 문 밖에 내놓은 지 30분도 안 되어 종적을 감췄습니다.

데코타일을 주문하려고 하면 접착과 비접착 중 어느 것을 선택하겠느냐는 물음을 받게 됩니다. 접착식 데코타일(스티커형)은 기존 바닥재 위에 스티커를 제거하고 바로 붙여주면 됩니다. 손이 덜 간다는 장점이 있지만, 단점도 만만치 않습니다. 아무래도 기존 장판 위에 하기 때문에 열전도율(보일러를 틀었을 때 따뜻한 정도)이 떨어지고, 스티커로 접착하기 때문에 비접착식 데코타일보다 내구성이 약할 수 있습니다. 저는 의뢰인과 상의 끝에 비접착식을 선택했어요.(의뢰인께서 추위에 굉장히 약한 이유도 있었습니다.)

바닥재를 깔기 전에 꼭 청소를 해야 합니다. 먼지가 많이 날릴 수도 있으니까 창문을 활짝 열고, 분무기도 뿌려가면서 깨끗이 청소하세요. 다 하고 나면 바닥을 뽀송뽀송하게 말려주세요. 그럼 데코타일 작업 준비완료!

B1-4 구석구석 꼼꼼하게 페인팅을 합니다. 페인트가 마르면 원하는 색깔이 등장합니다. 페인팅 후에 뜨는 곳은 바짝 마르면 원래대로 돌아옵니다.

본드는 반드시 방 안쪽부터 발라주세요. 바닥 전체에 본드를 바른 다음 말려야 하는데, 바깥에서 안으로 작업을 하게 되면 본드를 다 바르고 나서 나올 수가 없습니다. 특히 이 본드는 끈적임이 여느 본드와는 다르거든요. 파리지옥에 온 곤충마냥 넘어지기 십상입니다. 데코타일도 방 안쪽부터 붙여서 바깥으로 나오면 깔끔하게 작업할 수 있겠죠? 본드는 1평당 1kg 정도 발라주는 게 가장 적당! 본드가 너무 많이 발리거나 뭉치게 되면 타일을 부착할 때 삐져나옵니다. 타일 바르랴, 본드 닦으랴 시간도 시간이지만 노동력도 두 배가 듭니다.**C1-2**

사진을 보면 본드가 원래 색상보다 진하면서도 테두리는 바닥색에 가까워질 만큼 투명해졌죠?**C3** 제가 구입한 본드는 황토가 섞인 친환경제품입니다. 만약 하얀색 본드로 작업한다면 색이 투명에 가까워졌을 때 타일을 부착하면 됩니다. 부착하는 데에도 법칙이 있습니다. 모양에 맞게 착착 붙이는 것보다 짝수열과 홀수열의 부착 모양을 달리 해주세요.**D1-4**

데코타일은 작업도 간편하고, 내구성이 좋아서 방은 물론 아파트 베란다에서도 많이 쓰이고 있습니다.

이렇게 바닥과 벽의 컬러를 맞춰놓으면 인테리어의 기본 뼈대는 완성되는 셈이죠!

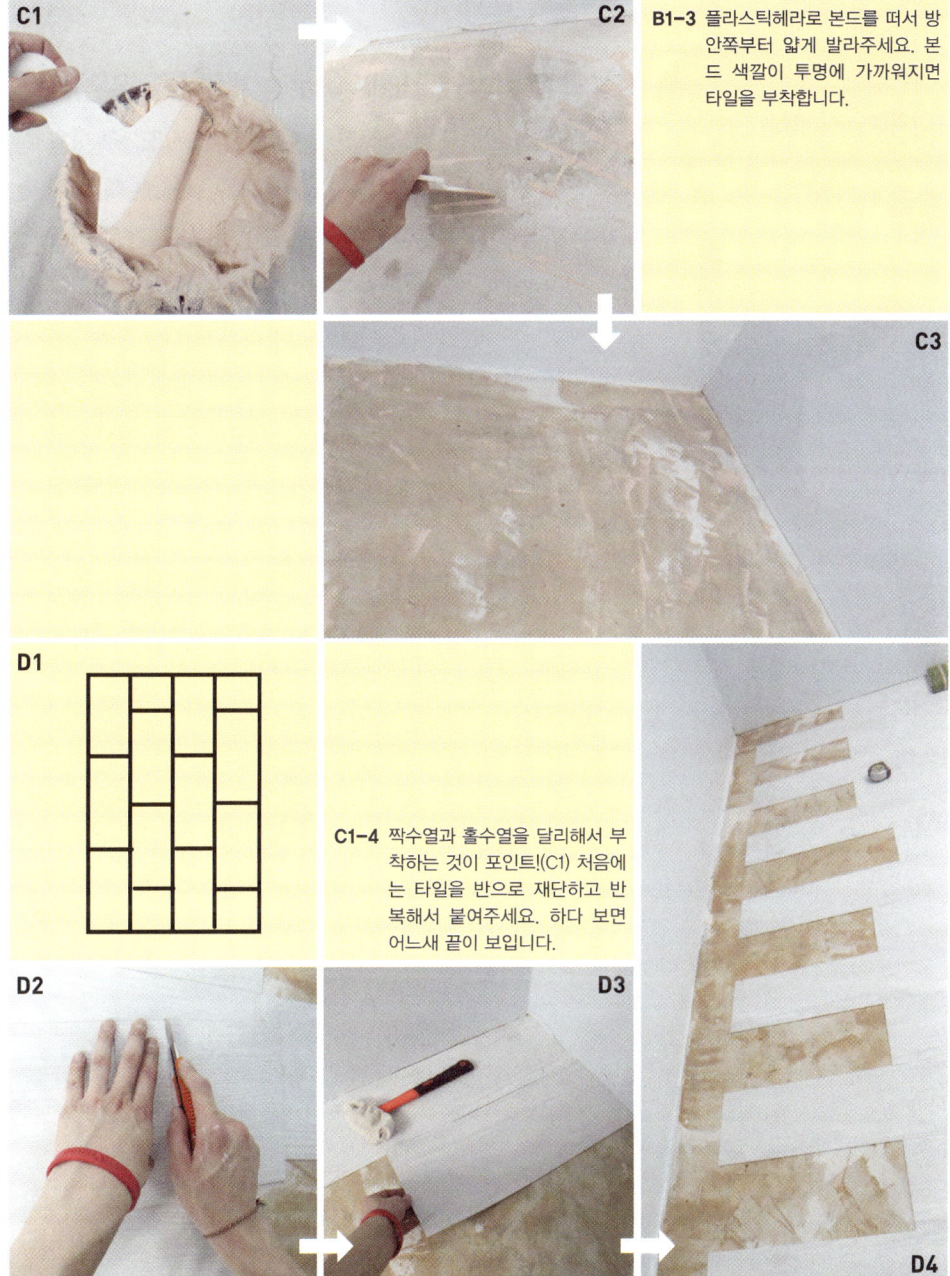

여성의 자취방엔 걸레받이로 섬세한 디테일을!

벽과 바닥을 완성해놓고 보면 둘이 만나는 지점, 즉 방바닥의 끝과 벽의 시작 지점에 미세한 틈이 보이죠. 특히 디테일에 민감한 여성분들은 이곳으로 쏠리는 시선을 거두지 못할 텐데요. 틈새가 벌어지지 않게 깔끔하게 정리하고 싶으면 걸레받이(벽과 바닥이 만나는 곳에 나무를 덧대는 방법)로 마감하면 됩니다. 걸레받이는 시중에 스티커형 제품이 판매되고 있는데, 색상이 한정되어 있어 바닥재와 맞추기도 어렵습니다. 잘못 시공하면 안 하느니만 못할 수 있습니다. 그럴 땐 걸레받이로 쓸, 재단한 목재에 목공용 본드 혹은 실리콘을 사용해서 붙여주면 됩니다.

목공용 본드나 실리콘을 뒷면에 바르고,

걸레받이 자리에 붙여주세요.

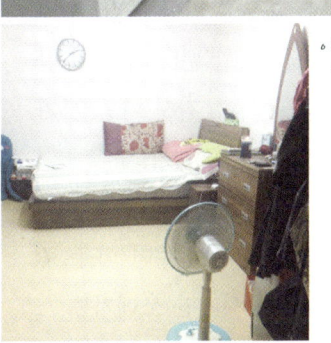

아기자기함과 낭만으로
'낯설어진' 자취방!

Before & After

설마, 여기가 내 자취방…… 맞나요!!!?

세상에! 여기 제 자취방 맞나요? 무슨 화보에 나올 것 같은 집인데요! 역시 제이쓴 손은 약손, 아니 금손이에요! 파스텔톤으로 벽을 꾸미고 바닥재가 고급스러워서 그런지, 원래 가지고 있던 가구들하고도 잘 어울려요. 사는 곳이 이렇게 바뀌니까 기분도 달라지는데요!

싱기방기 자취 꿀팁
(일상생활01)

신발 냄새 제거

땀 많은 분들은 여름철에 발 냄새 때문에 은근히 신경 쓰이시죠? 발냄새를 잡기 위해 20원을 투자하실 의향이 있으신가요? 신발 양쪽 바닥에 10원씩 투하해주시면 끝! 10원짜리 동전의 구리 성분이 발냄새를 잡아줍니다.

피부에 묻은 페인트 깨끗이 씻기

제이쓴이 전파한 자취방 인테리어를 실천하다가 페인트가 고운 얼굴이나 팔뚝에 묻는 불상사를 겪는 분들을 위한 AS 개념의 꿀팁! 페인트 묻은 피부를 박박 문질러봤자 더 빨개지고, 다급한 마음만 콩닥콩닥할 뿐! 페인트가 묻은 부위를 버터로 토닥토닥 발라주시고, 잠시 마음을 가라앉히세요. 수건으로 닦으면 감쪽같은 효과가!

쓰레기통 냄새 제거

쓰레기를 비울 때마다 락스로 깨끗이 닦아주면 아주 좋은데, 솔직히 너무 귀찮은 일입니다. 하지만 쓰레기통 스멜은 무시하기엔 존재감이 너무나 후덜덜! 쓰레기통 밑바닥에 신문지를 몇 겹 깔아주세요. 신문지가 쓰레기통의 냄새와 습기를 잡아줍니다.

폐가전제품 처리

가구는 주민센터에서 스티커를 구입하여 부착해서 밖에 내놓으면 됩니다. 그렇다면 폐가전제품은? 요즘은 지자체에서 인터넷으로 신청하면 월요일부터 토요일까지 방문

해서 무상으로 수거해갑니다! 폐가전수거예약센터(www.edtd.co.kr)에서 신청만 하면 끝! 수거된 물품 중 수리 가능하고 깨끗한 제품의 경우 취약계층에게 제공한다니 이것이 바로 일석이조!

티브이에 스마트폰 충전하기

여러분은 스마트폰을 어떻게 충전하시나요? 충전기에 콘센트 꽂아서 충전하는 건 전기세를 잡아먹는 것 같아 보통은 컴퓨터나 노트북에 연결하시죠? 그런데 여러분! USB 연결케이블만 있다면 티브이에도 충전이 가능합니다! 요즘 출시되는 티브이에는 대부분 USB 단자가 있어요. 이제 티브이에 스마트폰을 충전하는 스마트한 생활을 누리시기 바랍니다.

상한 우유로 광택 내기

우유가 상했다고 버리는 자취생은 아직 '자취생활레벨'이 초보라고 할 수 있어요! 상한 우유도 자취생활에서 얼마나 소중한지 모릅니다. 특히 여성분들에게 좋습니다. 여성분들이라면 보통 한두 개 정도는 금반지나 목걸이 갖고 계시죠? 빛깔이 바랜 금붙이들을 우유에 10분간 넣어뒀다가 깨끗한 물로 헹궈보세요. 차츰 잃고 있던 액세서리에 대한 애정이 샘솟을 겁니다!

표면이 벗겨진 구두 살리기

유독 해지고 빛이 바래도 오랫동안 쓰게 되는 물건이 있죠? 그중에 구두를 떠올리신 분 있으신가요? 표면이 벗겨진 구두는 양초로 복원이 가능합니다. 양초로 벗겨진 부분 혹은 색이 바랜 부분을 골고루 문지른 다음 라이터 불로 양초를 녹이세요. 양초가 가죽으로 스며드는데, 곧바로 구두약을 칠하면 헌 구두는 사라지고 눈앞에 새 구두가 뿅!

손톱, 발톱 안 튀기게 깎는 방법

신문지 깔아놓고 깎아도 방바닥 엄한 곳에 자리를 잡는 손발톱이 한두 녀석은 있지요? 손톱깎기 양쪽에 스카치테이프를 붙이고 깎아보세요. 신문지 없이도 한곳에 녀석들이 엉겨 있게 됩니다.

카페로
변한
자취방

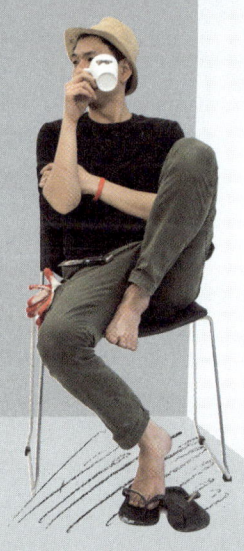

홈카페 만들기

세상에 둘도 없는, 홈카페 자취방!

의뢰인 K자매(26, 28세)/ 편집디자이너와 플랜트설계
주거형태 빌라 3층(3층 중)/ 12평(시공을 한 곳은 옥탑방 2.5평)
공간특징 3층 전세에 옥상 옥탑방까지 계약 면적으로 두고 있는 집. 옥탑이라 채광도 좋고, 환기도 좋음. 하지만 공간이 약 두 평 정도로 협소해서 주거용으로 쓰기엔 부적합!

의뢰내용

꼭대기층에 거주하는 덕에 옥상에 옥탑방을 쓸 수 있는 여유가 있어요. 처음엔 여기를 예쁘게 꾸미고 유용하게 써보자 마음먹었는데, 막상 여유 공간이 생기니까 쓸모없는 짐만 가져다놓게 되네요. 제이쓴 블로그를 보니까 죽은 공간을 홈카페로 만들었던데, 이 공간도 어떻게 좀 손볼 수 없을까요? 여름에는 옥상에서 고기도 구워 먹고, 커피도 마시면서 여유를 부리고 싶은데……. 이 공간을 그냥 놔두기엔 너무 아까워요! 자취방에 생명력을 불어넣는 마법사(?) 제이쓴! 도움 좀 주세요!

제이쓴의 진단

오잉? 저렇게 깨끗하고 적당한 공간을 소유하고 계시다니! 제이쓴은 물론 대다수 자취생들의 로망, 옥탑방! 헌데 저토록 사랑스러운 공간을 창고로 쓰고 있다니요!
저 공간만 잘 활용하면 자취방에 어떤 친구가 놀러오거나 쳐들어와도 손님맞이는 문제 없습니다. 또는 감성 DNA를 일깨우며 잠시 힐링 할 수도 있고요.
어렵지 않습니다. 실제로 제가 만든 홈카페가 있는데요, 바로 제 자취방입니다.(이제야 제 자취방을 공개하게 되네요.)
포인트는 바로 자신만의 컨셉을 발현할 수 있는 아이디어! 지금부터 여러분에게 아이디어가 어떻게 실제 인테리어로 발현되었는지 공개합니다!

준비물과 비용

준비물	비용	파는 곳
테이블	38,000원부터	소프시스 (www.sofsys.co.kr)
이케아 IVAR	18,000원부터	오픈마켓
식탁보용 무지 2마	9,000원(1마 기준 4,500원)	패브릭스토리 (www.fabric-story.com)
빈티지 조명 (239쪽 참조)	8,500원	
	총 73,500원	

작업멘트

※ 테이블은 제가 구입했을 때보다 가격이 살짝 올랐습니다.(http://www.sofsys.co.kr) 가격이 부담스러우면 중고장터에서 구매하는 방법도 있습니다!

※ 의자도 마찬가지예요. 새 제품이 부담스러우면 동네 재활용센터에 가보세요. 깨끗하고 상태 좋은 의자들을 만 원 안팎으로 구입 가능합니다.

※ 식탁보는 일반 천에 방수코팅을 입힌 제품으로 물걸레질이 가능한 걸 추천합니다!(http://ufabric.co.kr/)

※ 식탁에 유리를 깔고 싶은데, 식탁유리 가격은 장난이 아닙니다. 유리대용 아크릴로 만들어진 '투명매트'라는 제품이 있는데, 깨질 위험도 없고 오염에도 강하답니다.

작업시간

재료가 준비되어 있다면 30분~1시간에 할 수 있습니다. 작업 방식에 따라 시간은 더 줄어들 수도, 늘어날 수도 있습니다.

▶
**비좁은 자취방,
그래도
죽은 공간은 있다!**

여기가 어디냐고요?**A** 오지랖프로젝트를 열심히 수행 중인, 자칭 '자취방 인테리어 전문가' 제이쓴이라고 하는 사람의 자취방이라지요. 정확히는 홈카페 만들기 전 제 자취방의 쌩얼(?)입니다. 헌데 어떻게 해서 홈카페를 만들 생각을 했느냐? 자취를 시작하고 보니 하나둘 친구들이 제 자취방을 찾기 시작하는 겁니다. 공간도 좁고 하니 가까운 카페나 찻집으로 커피나 한잔하러 가는데, 한두 번을 넘어 계속 가려니까 커피 값이 만만치가 않더라고요. 특히나 저 같은 대학생한텐 만 원 한 장 한 장이 어찌나 아쉬운지. 오랑캐 같은 친구들은 개의치 않고 몰려드는데, 넓지도 않은 제 자취방에 오라고, 이 공간에 앉으라고 하기엔 제 낯짝이 아직은 얇은가 봐요. 카페를 가느니 집을 아예 카페처럼 꾸미면 되는 거 아닌가 하는 생각이 순간 머릿속을 지나가더라고요. 그리고 방치해놓은 사진 속 저 공간이 눈에 박혔습니다.

홈카페를 만들고 싶다면 우선 자투리 공간을 찾아보세요. 아무리 짐이 많고 공간이 없더라도 죽은 공간은 반드시 존재합니다.(물론 자취방이 손바닥만큼 작아서 손금 찾듯 찾아봐도 자투리 공간을 찾을 수 없는 경우도 있을 거예요.) 저는 불필요한 짐을 쌓아두거나 빨래를 쌓아두거나 어떤 가구를 놓아도 애매모호한 사진 속 저 공간을 홈카페로 만들기로 결정했습니다.

▶▶
홈카페 컨셉 잡기

자투리 공간을 확보했다고 해도, 인테리어의 가장 큰 벽이자 제약, 바로 돈 문제에 직면하게 됩니다. 명색이 카페인데, 테이블이며 의자는 기본 아니겠어요? 처음에 식탁을 구매하려고 알아봤다가 식탁이란 가구의 몸값을 알고

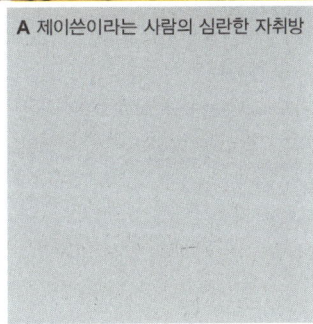

A 제이쓴이라는 사람의 심란한 자취방

놀라 자빠질 뻔했습니다. 그래서 생각해낸 비책, 책상을 식탁처럼! 그간 주위의 자취피플들이 책상에서 밥 먹는 거 많이 봤거든요. 자취방에서 식탁, 책상 구분이 어디 있나요? 용도에 맞춰 연출이 가능하면 그것으로 오케이!**B**

테이블(사실은 책상)과 의자를 떡하니 놔뒀다고 카페가 되는 건 아니죠? 이제부터 자신만의 컨셉이 중요합니다. 제가 생각하는 카페는 나무도 있고, 안락하고 아늑한 분위기에서 커피를 마시며 자신도 모르게 저절로 흥얼흥얼 노래도 부를 수 있는 곳! 그렇다면 나무를 찾아봐야겠다 싶어서 인터넷으로 인조나무를 검색해보았습니다. 인조나무 몸값도 역시나……. 쪼끄만 한 게 무려 15만 원! 그래도 나무는 제 홈카페의 메인 테마인데, 포기할 수 없죠! 그래서 어떻게 했느냐?

주워왔습니다!**C** 나무를 찾으러 간 건 아니고, 지인들과 팔당댐으로 드라이브를 하다가 우연찮게 발견했습니다. 근처에서 공사를 하고 있던데, 다치고 버려진 저 아이가 눈에 쏙 들어오더라고요. 공사하는 관계자 분께 이야기를 했더니 흔쾌히 입양(?)을 허락받았습니다.

절대로 살아 있는 나무를 베어오면 안 됩니다. 주위에 구할 수 있는 나무를 활용하세요. 물론 허락도 필수! 제가 너무 원론적인 이야기만 하죠? 저처럼 나무를 구하고 싶은데, 거주하는 도시에서 도저히 방법을 알 수 없는 분들을 위해 '꿀팁'을 발사합니다. 봄, 가을에 지자체(구청)에서 가로수 가지치기를 하는 광경을 많이 볼 수 있습니다. 이 가지치기하는 나무들은 자취방에 인테리어로 활용하기에 크기도 제격입니다. 잘만 하면 손쉽게 귀한 인테리어 재료를 얻을 수 있습니다.(봄, 가을에 우리 동네 가로수가 이발할

B 책상 겸 식탁으로 쓰는 테이블

C 드라이브하다가 주워온 나무

때 됐다고 생각되면 구청의 공원녹지과에 문의하세요!)

제가 주워온 나무는 손질되지 않은 거친 녀석이어서 일단 햇볕이 쨍쨍한 밖에서 일주일 정도 말렸습니다. 락카로 색깔을 넣어도 되지만, 저는 자연스러운 게 좋더라고요. 일주일 동안 볕에 잘 말린 덕인지, 1년 가까이 시간이 지났는데도 벌레가 꼬인다거나 나무가 썩는 일이 지금까지 없습니다. **D**

나무를 세워두고, 테이블 위에 선물 받은 사진을 붙여주었습니다. 나무를 메인 컨셉으로 잡은 건 나무로 연출할 수 있는 것이 많기 때문입니다. 봄에는 종이학이나 인테리어소품을 이용해서 봄 느낌을, 겨울에는 꼬마전구를 나무에 걸어서 크리스마스 분위기를 물씬 풍길 수 있는 장점이 있죠! 저는 득템한 나무를 '이야기나무'로 칭하고 폴라로이드 사진을 걸어서 꾸몄습니다. **E**

▶▶▶
인테리어의 완성은 조명!

테이블과 의자를 놓고, 나무를 구해와서 사진을 붙여봐도 2% 부족한 이 느낌은 뭘까요? 바로 조명입니다! 인테리어 작업의 화룡정점은 바로 조명 달기입니다. 명색이 홈카페인데, 자취방 전용 형광등으로는 택도 없는 말씀!

마음에 드는 장스탠드를 이용해서 분위기를 연출해도 좋습니다. 하지만 저는 스탠드만으로 원하는 분위기를 만들 수 없어 직접 조명을 만들었습니다. 홈카페 리폼에 잔뜩 흥미를 느끼고 있는데, 이 대목에서 전기 손대는 작업이 나와서 갑자기 자신감이 확 떨어지신 분들 계신가요? 전혀 걱정할 필요 없습니다. 조명을 완성하는 방법은 다음 장에서 좀 더 자세하게 설명드리겠습니다(239쪽 참조하세요). 절대 어려운 작업도 아니고, 만 원도 안 되는 스펙터

D 햇볕에 쨍쨍하게 일주일만 말리면 오케이!

E '이야기 나무'

F 전기선을 단단하게 잡아줄 스테이플러

클한 가격에, 조명선의 길이도 마음대로 조절할 수 있으니 꼭 따라 해보시길!

빈티지한 조명을 천장에 고정해주면 꿈에 그리던 홈카페가 완성됩니다! 인테리어는 디테일이 생명입니다. 천장에 조명을 다는 것까지 신경을 쓰셔야 하는데, 설마 양면테이프나 셀로판테이프로 붙이려는 분은 없겠죠? 이러한 테이프는 힘이 약해서 설치하는 순간에는 고정이 잘됐다 싶어도, 얼마 안 있어 천장에서 떨어질 위험이 있습니다.

'스테이플러'라고 하면 일명 '호치케스'라고 하는 사무용품을 떠올리게 되죠? 전선을 고정하는 고리를 스테이플러라고도 합니다. 보통 가정집의 천장은 나무 합판으로 만들어져 있는데, 스테이플러를 이용해서 전기선을 고정시켜주세요. 스테이플러는 겉보기에 쪼끄만 한 것이 굉장히 약해 보입니다만, 저 같은 성인 남자가 매달려도 끄떡없습니다.(그 전에 나사가 빠질 테지만요.)

빈티지 조명재료를 사러 갔다가 스테이플러가 필요하다고 하면 한두 개 정도는 주기도 하니까 참고하세요!(좋은 사장님을 만나길! 행운을 빕니다!)

카페에게 하나 꿀릴 것 없는
자취방의 변신!

Before &After

아이디어로 만든 홈카페 자취방!

홈카페라고 하니까 손이 많이 가고, 시간도 엄청 걸릴 거라고 생각하셨죠? 돈도 많고, 시간도 많으면 정말 카페 같은 카페를 만들 수 있죠. 하지만 우리에겐 통통 튀는 아이디어가 있습니다. 아이디어, 요놈만 살살 잘 구슬리면 돈이며 시간은 다 커버할 수 있습니다. 제이쓴白

북카페 만들기

책보고, 음악 듣고, 글쓰고 사색하는 '감성 자취방'의 탄생

의뢰인 K자매(26, 28세)/ 편집디자이너, 플랜트설계
주거형태 빌라 3층(3층 중)/ 12평(시공을 한 곳은 옥탑방 2.5평)
공간특징 3층 전세에 옥상 옥탑방까지 계약 면적으로 두고 있는 집, 옥탑이라 채광도 좋고 환기도 좋음. 하지만 공간이 약 두 평 정도로 협소해서 주거용으로 쓰기엔 부적합!

의뢰내용

제이쓴이 만든 홈카페 자취방을 보고 나니까 우리 옥탑방이 어떻게 변할지 더욱 기대가 큽니다. 왠지 저희도 모르게 눈높이가 높아졌달까요? 자취방 인테리어의 달인, 제이쓴! 기대가 커요!

제이쑨의 진단

으아악! 참고로 보여드린 건데! 기대를 품게 했다면 제가 오히려 부담스러운데요. 하지만 자취방 인테리어에서 자신감과 호기심이 가장 큰 미덕이라고 여러분께 열창을 한 제이쑨. 부담 따위는 살짝 옆으로 밀어놓고, K 자매님들의 옥탑방을 면밀히 살펴보고, 컨셉에 맞게 만들어보겠습니다!

준비물과 비용

준비물	비용	파는 곳
공간 초배를 위한 초배지(4묶음 사용)	8,000원 (1묶음당 2,000원)	동네 지물포
도배전용 풀(1봉지)	500원	동네 지물포
도배용 넓은 붓	2,000원	동네 지물포
풀 바른 벽지 벽: (280×250×220cm) 12장	48,000원 (장당 4,000원)	오픈마켓 (11번가→데코아트)
풀 바른 벽지 4장 천장: (250×280cm)	24,400원 (장당 6,100원)	오픈마켓 (11번가→데코아트)
지물본드	3,000원	동네 지물포, 철물점
찬넬: 찬넬 기둥(120cm), 찬넬 받침대	각각 3,800원, 2500원	오픈마켓(문고리닷컴)
조명: 체코 팬던트 3등	30,380원부터	오픈마켓(샛별하우스)
꼭꼬핀	900원	오픈마켓(인터넷 쇼핑몰에서 검색)
& 목장갑		
	총 123,480원	

작업멘트

※ 벽지는 '가로×세로×높이' 순서입니다.

※ 벽지는 길이에 따라 가격이 달라집니다. 참고로 이번에 선택한 벽지는 '11번가'에서 '데코아트'로 판매자 검색하고, '풀 바른 벽지'를 선택한 다음 원하는 색상을 골랐습니다. 아쉽게도 이번 사용한 제품은 더 이상 제조를 안 한다고 하네요.

작업시간

초배지로 벽 4면 붙이는 데 약 3시간, '풀바른 벽지'로 천장까지 붙이는 데 약 3시간 소요

▶
**페인트칠은
벽이 아닌
벽지에다 합니다!**

드디어 옥탑방을 개조할 부푼 꿈과 설레는 마음을 품고 찾아간 의뢰인의 옥탑방. 헌데 벽지는 갈가리 찢겨 있고, 장판도 온 데 간 데 보이지 않습니다. 순간 '가만, 내가 잘못 찾아왔나' 싶은데, 분명 제 옆에 있는 분은 의뢰인이 맞습니다. 세상에나, 망상에나 어떤 일이 벌어진 거죠?**A**
"제이쓴이 메일 답장에서 페인트칠한다고 해서, 벽지랑 장판 다 제거했어요. 페인트는 시멘트에 바르는 거 맞죠?"
아직도 쟁쟁한 의뢰인의 말씀. 지금도 그 상황을 떠올리면 심장이 쫄깃해지네요. 다른 관점에서 생각해보면 분명 의뢰인은 제 일손을 덜어준다고 힘들여서 벽지며 장판을 정리하셨겠지요? 그 마음을 알기에 다시 정신 바짝 차렸습니다.
하지만 여러분! 페인팅 작업은 대부분 벽지 위에 합니다. 만약 시멘트벽에 페인트칠을 하면 원상 복구가 안 됩니다. 또한 도배하시는 업자분들도 페인트 위에 도배하는 걸 거절하신대요. 도배도 힘들고, 도배 비용도 수직 상승합니다! 의뢰인의 집이 이 상태가 된 이상 페인팅 작업은 이중으로 비용이 들어갈 수밖에 없습니다. 도배, 장판을 다시 하는 게 최선이겠네요. 전면 계획 수정합니다!

▶▶
**튼튼한
벽지를 만드는
초배 작업**

도배 작업은 초배지를 바르는 것에서 본격적으로 시작됩니다. 시멘트벽에 초배지 작업 없이 도배를 한다면 당장은 도배지가 붙을지 몰라도 나중에는 떨어질 가능성이 큽니다. 뿐만 아니라 초배지가 붙어 있지 않으면 도배 할 때 힘이 두 배로 들어가죠. 초배 작업을 해야 튼튼하고 깔끔하게 도배를 할 수 있습니다. 도배를 건물 짓기로 비유하자면 초배는 튼튼한 뼈대를 구성하는 거라고 할 수

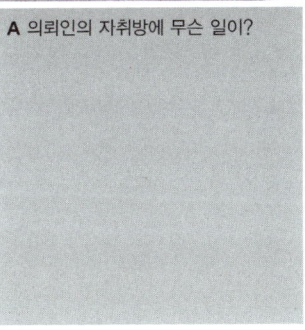

A 의뢰인의 자취방에 무슨 일이?

225

있겠네요.

화장실을 탈바꿈하기 위해선 먼저 청소를 해야 하고, 냉장고를 리폼 하기 위해선 깨끗이 닦아주었죠? 그럼 도배를 하려면 가장 먼저 뭘 해야 할까요? 당연히 벽에서 아직 제거되지 않은 도배지와 벽지를 벗겨내야 합니다. 커터 칼 혹은 헤라로 야무지게 벗겨주세요!**B** 벽에 달라붙은 이전 도배지는 떨어지지 않을 수 있습니다. 이럴 땐 분무기로 물을 뿌려주면 수월하게 제거할 수 있습니다.

사전작업을 말끔하게 해놓고, 이제 본격적으로 초배지 작업에 들어가볼까요? 먼저 도배용 풀과 물을 섞어야 합니다. 보통 5:5로 섞어주는데, 저는 접착력을 높이기 위해 6(풀):4(물)로 제조했습니다. 풀과 물을 섞을 땐 물을 한꺼번에 풀에 넣지 말고 조금 넣어 섞어주고, 다시 조금 넣고 섞어주는 과정을 거쳐야 합니다. 그래야 풀이 덩어리지지 않습니다.**C1-2**

초배지에 물풀을 골고루 발라주세요. 도배용 넓은 붓이 없으면 비닐장갑으로 해도 됩니다. 하지만 인테리어에서 칠 작업은 섬세함과 꼼꼼함이 필요한 작업이니만큼, 또한 도배용 넓은 붓은 가까운 철물점 천지에 깔려 있는 만큼 제이쓴은 꼭 구매하는 걸 추천!

풀이 초배지에 골고루 배일 수 있을 만큼 시간을 주면서 벽에 붙여주세요.**D1-2** 풀을 바르고 벽에 붙이는 건 약 2분 정도가 적당합니다.

초배지는 손으로 살짝 만져보았을 때 완전히 건조된 느낌이 날 정도로 말려줍니다. 이것으로 초배지 작업 끝! 헌데 이 대목에서 왜 천장은 안 하느냐고 궁금해하실 분들이 있을 겁니다. 천장 마감재가 합판으로 되어 있으면 당

B 제거되지 않은 벽지를 깨끗하게 제거!

C1-2 물을 조금씩 조금씩 넣어야 덩어리지지 않은 물풀이 만들어집니다.

D1-2 마른걸레로 펴주면서 벽면에 부착! 전체적으로 꼼꼼하게 부착하세요!

연히 초배지를 발라줘야 합니다. 하지만 의뢰인 자취방의 천장은 석고보드이기 때문에 초배 작업을 하지 않습니다. 대신 또 다른 비장의 무기가 필요합니다. 이건 도배하면서 설명드릴게요.

▶▶
도배지를 바를까, '풀 바른 벽지'를 바를까?

벽지에 쓰일 수 있는 재료는 도배지와 '풀 바른 벽지'가 있습니다. 도배지를 쓰면 풀을 발라야 하는 작업을 거쳐야 하지만, 풀 바른 벽지는 풀 없이도 부착이 가능하기에 여러 모로 편리합니다. 물론 가격이 차이 나긴 합니다. 하지만 이번 작업 전에 견적을 뽑아보니 고작 만 원도 차이가 나지 않아 저는 풀 바른 벽지를 사용했습니다. 두 의뢰인 중 한 분의 직업은 편집디자이너. 색에 굉장히 관심도 많고, 민감하신 터라 나름 인터넷으로 알아보았지만, 마음을 사로잡는 색상을 구하기가 어려웠다고 합니다. 결국 원래 생각했던 민트에서 블루에 가까운 벽지를 구입했습니다.
어엇! 근데 왜 이게 안 떨어질까요? 초배지 작업 후 일주일 만에 찾은 옥탑! 초배지는 도배 작업하기에 완벽할 만큼 잘 말랐는데, 주문한 풀 바른 벽지가 떨어지지 않습니다! 잔머리 잘 돌아가는 제이쓴도 당황스러운 비상사태!**E1-2**
원인을 찾다가 의뢰인에게 벽지를 언제 구입했는지 물어보니 3일 전에 택배로 받았다고 합니다. 허걱! '풀 바른 벽지'라는 이름에서 알 수 있듯이 이 벽지는 풀이 발린 상태로 배송이 됩니다. 헌데 포장 및 배송을 용이하게 하기 위해 벽지가 접혀 있는 채로 도착합니다. 때문에 절대 3일 이상 놔두면 안 됩니다! 접힌 부분의 풀이 말라서 쓸 수가 없어요! 특히 7월 중순처럼 뜨거운 날씨에는 이틀 이상 방치하는 건 절대 금지!

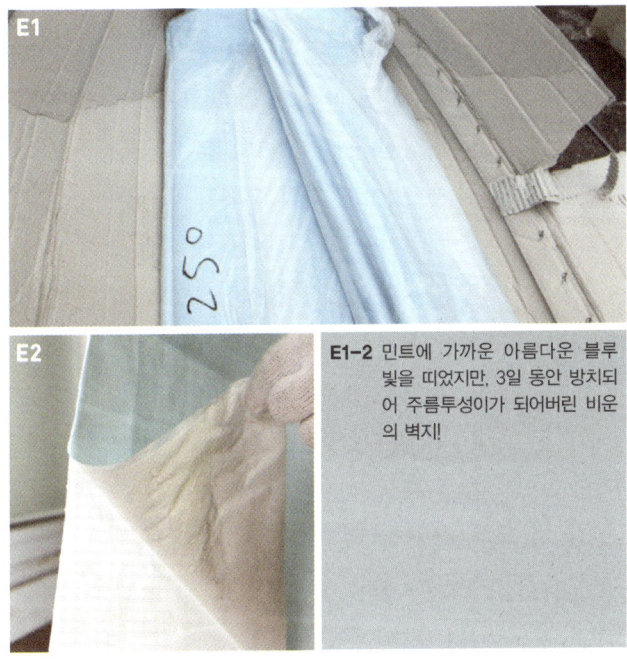

E1-2 민트에 가까운 아름다운 블루빛을 띠었지만, 3일 동안 방치되어 주름투성이가 되어버린 비운의 벽지!

풀 바른 벽지가 아닌 정통 도배작업을 했다면 시간이나 손은 더 들어갔을 겁니다. 의뢰인의 옥탑방 공간은 280×250(가로×세로)cm에 높이가 220cm인 작은 공간으로 무리 없이 작업이 가능합니다. 의뢰인의 마음에 드는 벽지가 없고, 또 공간도 아담해서 풀 바른 벽지를 선택해도 됐습니다. 셀프 도배를 계획하고 있다면 벽지를 롤 단위로 구입해서 풀을 발라서 하는 방법, 풀 바른 벽지를 구매해서 붙이는 방법 두 가지를 비교해보세요. 자신의 예산을 잘 따져서 선택하세요. 당연히 풀 바른 벽지가 더 비쌉니다. 공간이 넓을수록 롤 벽지와 풀 바른 벽지의 단가가 점점 차이 나니까 꼼꼼하게 따져봐야 합니다.

다행스럽게도 작업은 별탈 없이 이어나갈 수 있었습니다. **F1-5** 마무리 단계에서 주의할 것이 있습니다. 콘센트 쪽은 ×자로 칼로 뚫어주세요. **G** 여기서 잠시 말씀드릴 게 있습니다. 풀 바른 벽지는 이미 풀을 먹어 찢어지기 굉장히 쉬워요. 젖은 상태에서 칼질하다가 벽 부분까지 찢어지는 불상사가 벌어질 수 있습니다. 벽지를 어느 정도 말리고 나서 자르는 것이 훨씬 안전하고, 모양도 잘 나옵니다!

▶▶▶
지물용 본드를 쓰면 '만세'의 무게가 줄어듭니다

천장은 풀이 아닌 본드로 작업합니다. 천장을 도배해본 분들은 아시겠지만, 풀을 먹인 도배지를 천장에 붙이는 건 정말 이가 빡빡 갈릴 정도로 험난합니다. 도배를 하다가 "만세"를 외쳐야 하는 경우가 엄청 많습니다.(이 작업을 할 때 저는 물론 의뢰인 두 분과 친구까지 네 명이 좁은 옥탑방에서 만세를 외쳤습니다.) 그나마 본드 덕에 만세의 무게가 줄어들었다죠!**H1-2**

혹시나 싶어서 말씀드리는데요, 지물용 본드는 풀 먹은 도배지에 절대로 바르면 안 됩니다. 지물용 본드를 풀 먹

F1-5 양쪽에 접혀 있는 벽지를 반만 떼어내 벽 위쪽을 기준 삼아 부착해주세요.(F2) 나머지 벽지마저 떼어내 쫙쫙 펴서 바르세요. 벽지와 벽지는 3cm 정도 겹치게!

G 콘센트의 벽지는 말린 다음 ×자로!

H1-2 지물용 본드를 천장에 부분적으로 바르면 도배지가 철석같이 붙습니다.

은 도배지에 발랐다가 잘못해서 벽지끼리 달라붙게 되면 100% 찢어지게 됩니다. 또한 지물용 본드는 바르자마자 바로 붙여야 합니다. 그렇지 않으면 쉽게 굳어버립니다.

도배를 막 마친 벽지를 자세히 보면 응애응애 울고 있을 겁니다. 왜 이렇게 벽지가 우는지 걱정스러워할 필요는 절대 없습니다. 몇 시간이 지나 완벽하게 마른 다음 다시 한 번 살펴보세요. 쭈글쭈글한 이마에 보톡스 맞은 것마냥 쭉쭉 펴져 있을 겁니다!

▶▶▶
북카페 변신을 위한 섬세한 손길

벽지만 원하는 컬러로 꾸민다고 북카페가 완성되는 건 아니죠. 이제 토대는 마련되었고, 공간 연출의 섬세한 작업이 필요합니다. 작은 공간이라도 어떻게 꾸미느냐에 따라 분위기는 엄청나게 달라집니다. 의뢰인 두 분은 책을 많이 갖고 있었습니다. 헌데 책을 쌓아놓는 건 미관상 좋지 않지요. 칙칙한 느낌을 줄 수도 있고, 방도 좁아 보이게 할 수 있습니다.

벽에 찬넬을 설치했습니다! 좁은 공간에서 찬넬만큼 실용적인 게 또 없죠! 여러분, 찬넬의 몸값에 숨겨진 비밀 아세요? 찬넬 3단 세트(뼈대, 지지판, 나무) 중에서 나무가 몸값의 절반 정도를 차지한다는 사실. 이 비용을 줄이고자 의뢰인 두 자매께서 찬넬의 사이즈에 맞는 나무를 구비해놓으셨답니다. 동네마실 다니면서 하나, 둘 모아놓았대요! 드라이브 갔다가 팔당댐 공사현장에서 나무 주워 온 저 못지않은 눈썰미와 준비성은 10점 만점에 10점을 드려도 부족하지 않네요! 찬넬과 구해온 나무가 사이즈가 맞지 않다고 해도 좌절은 절대 금물입니다. 나무를 들고 동네 목공소로 고고씽! 사이즈에 맞게 잘라달라고 하

l 북카페 느낌을 한층 살려주는 찬넬!

면 가뿐하게 문제는 해결됩니다. 물론 재단하는 데 하나 당 몇 천 원 정도의 비용이 듭니다.**J1-2**

여러분, 인테리어의 90%를 차지하는 게 뭐라고 했죠?(물론 과장이 들어가 있는 말이지만.) 그렇습니다, 바로 조명이죠! 의뢰인의 자취방을 보니 대한민국 공인인증 형광등이 떡하니 눈에 보이네요. 이미 자취방을 평범하게 만드는 형광등이지만, 더욱 적극적으로 자취방을 평범하게 만들려는 듯한 형광등! 이걸 교체하지 않는 한 북카페가 되는 대변신은 꿈을 꿀 수 없습니다!(형광등을 팬던트 등으로 바꾸는 작업은 84쪽을 참조해주세요. **K1-2**)

조명까지 수정했지만, 뭔지 모를 2%의 아쉬움. 북카페의 로망을 실현할 아이템을 궁리해봅니다. 북카페를 '책(book)+카페'라고 도식화해보니 책은 구비되어 있고, 카페에 있을 법한 아이템이 필요하네요. 빈티지한 사진과 아기자기한 소품이 넣어주면 공간은 더욱더 샤방샤방해진다는 점을 적극 이용합니다!**L**

사진 속 액자는 자취생에게 가벼운 사치도 너그러이 승낙해주는 생활용품점('다이소')에서 개당 1,500원에 구입했고, 헌팅 트로피는 인터넷에 있던 도안을 이용해서 의뢰인이 직접 만들었습니다.

헌데 벽에 어떻게 걸었느냐! 이쯤에서 머리 회전 좋은 분들은 제가 앞장에서 소개한 '3M 커맨더 테이프'를 떠올리실지도 모르겠네요. 하지만 아닙니다. 커맨더 테이프 못지않게 자취생의 인테리어 욕구를 실현시켜줄 친구가 또 한 명 있습니다. 그것은 바로…… 꼭꼬핀!**M**

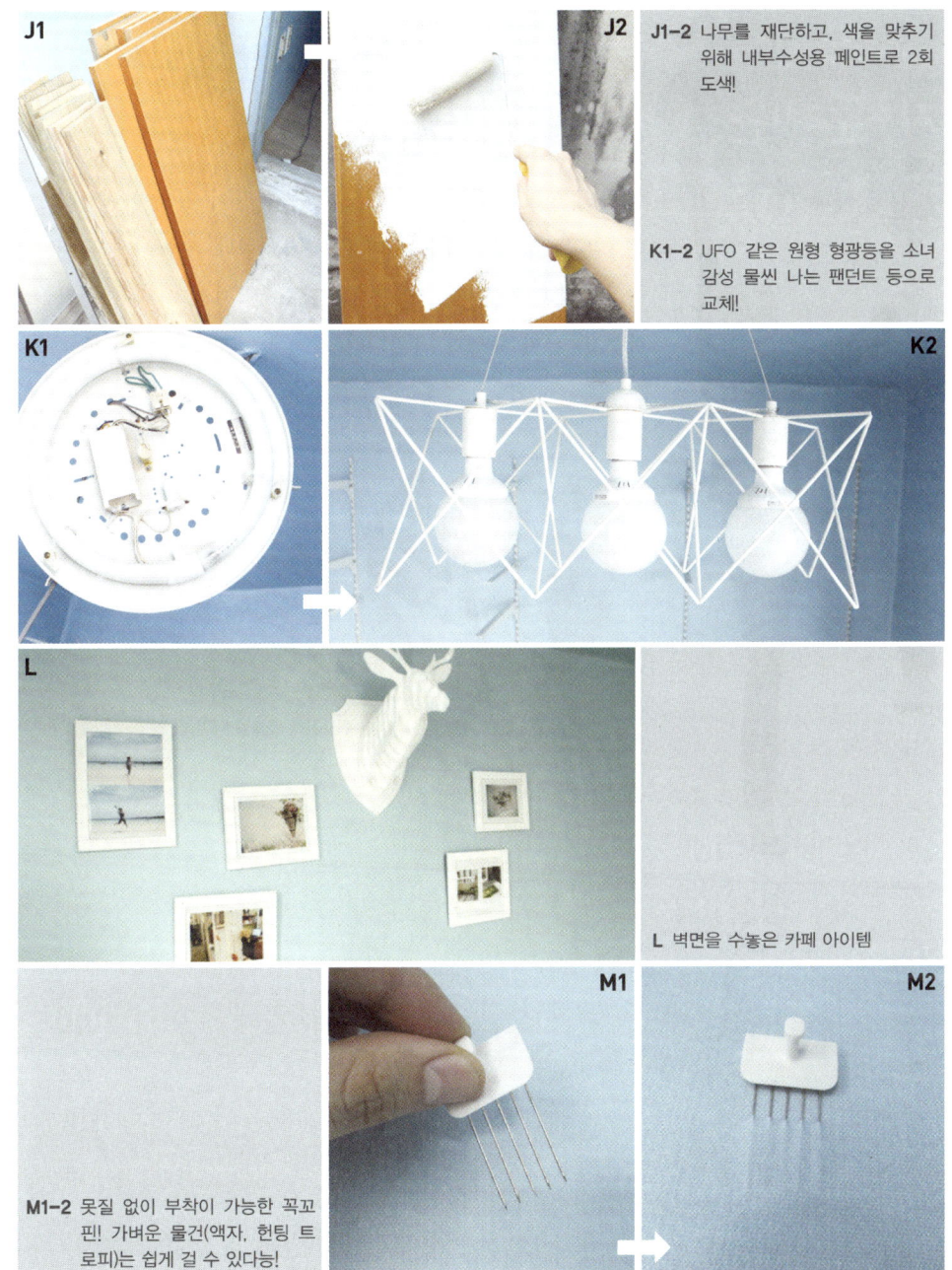

J1-2 나무를 재단하고, 색을 맞추기 위해 내부수성용 페인트로 2회 도색!

K1-2 UFO 같은 원형 형광등을 소녀 감성 물씬 나는 팬던트 등으로 교체!

L 벽면을 수놓은 카페 아이템

M1-2 못질 없이 부착이 가능한 꼭꼬핀! 가벼운 물건(액자, 헌팅 트로피)는 쉽게 걸 수 있다능!

우는 벽지, 뜨는 벽지 달래는 방법

아무리 도배를 꼼꼼하게 해도 뜨는 공간이 있게 마련입니다. 쉴 새 없이 응애응애 떼쓰는 아이한테 따끔하게 혼내는 게 효과적일 때도 있는 법! 우는 벽지의 미세한 공간에는 따끔한 주사가 답입니다!

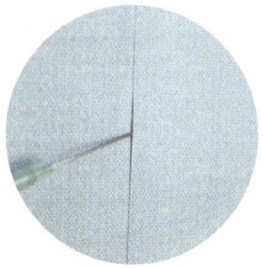

동네 약국에서 파는 대형 주사기 (1,000원)

주사기에 물풀을 담아 한 방 쏴주세요.

자취방 북카페야!
감성, 대체 어디까지
끌어올릴 거니?

Before & After

자취방 충격고백, '주인님아, 나는 원래 북카페였어!'

대박! 우리 옥탑방에 무슨 일이 벌어진 거죠? 이 공간은 계약 기간 동안 그저 창고로 쓸 줄 알았는데! 꿈은 이루어진다더니 제이쓴 덕에 정말 옥탑방의 꿈이 이루어졌네요! 책을 읽기에도, 사색을 하기에도, 음악을 듣기에도 이상적인 이런 공간이 자취방에 생길 줄이야!

빈티지 조명

아늑한 불빛을 완성하는 만 원의 행복

집을 카페처럼 꾸민다고 꾸며봐도, 뭔가 2% 부족하지 않나요? 맛있다는 커피를 사고, 테이블보며 꽃이며 예쁜 찻잔을 준비해놓아도 왠지 감성이 돋을 듯 말 듯 허전합니다. 그 이유는 바로 조명!

먹고 싶은 커피나 차를 구입해서 집에서 오붓하게 타 먹을 수 있는데, 우리가 굳이 걸어서 돈을 써가며 카페에 가는 이유는 뭘까요? 아마 집에서 느낄 수 없는 분위기 때문일 거예요. 그럼 그 분위기를 조성하는 건 무엇일까요? 카페를 한번 둘러볼까요? 좀 더 구체적으로 카페의 인테리어 목록을 찾아볼까요? 테이블, 의자, 분위기 있는 액자와 아기자기한 소품들 그리고 절대 빼놓을 수 없는 것이 바로 조명입니다. 제가 생각할 때 분위기 연출에서 가장 큰 비중을 차지하는 것이 조명입니다. 인테리어 소품이 부족하더라도 조명이 받쳐주면 그럴듯하게 연출되지만, 아무리 아기자기하고 예쁜 인테리어 소품을 모아놨다고 하더라도 조명이 받쳐주지 않으면 소용이 없습니다. 이번 장에서는 빈티지 조명을 설치하고 활용하는 방법에 대해 말씀드릴게요.

준비물과 비용

준비물	비용	파는 곳
검정 전선(VCT케이블) 7m	7,000원 (m당 1,000원)	동네 전파사
전원 플러그	500원부터	동네 철물점, 전파사
전기소켓	1,000원부터	동네 철물점, 전파사
& 니퍼		
	총 8,500원	

작업멘트

※ 저는 굵은 전선의 모양이 예뻐서 VCT케이블을 선택했습니다! 모양에 크게 상관이 없다면 m당 몇 백 원밖에 안 하는 얇은 전선으로 작업하셔도 됩니다!

작업시간

30분 내외

조명을 이용한 인테리어 방법은 무엇무엇이 있을까 생각을 해보았습니다. 네 가지 정도의 방법으로 정리할 수 있겠더군요.

◀ **조명을 이용한 인테리어 방법 네 가지!**

①방 형광등의 배선을 가져와 천장에 고정시켜 연결하는 방법
②스탠드형 조명을 이용하는 방법
③배선을 새로 해서, 스위치를 만들고 벽 외부에 연결시키는 방법
④직접 만드는 방법

'저비용 고효율'을 지향하는 제이쓴은 어떤 방법을 선택할까요? 물어보나마나죠, 당연히 ④번! 하지만 단순히 저렴해서 선택한 것은 절대 아닙니다! '인테리어는 가장 개인적인 취향을 반영해야 한다'는 기준에서 볼 때 직접 만드는 것만큼 자신의 취향을 구현할 수 있는 방법이 있을까요?

이 책에서 제가 조명등이나 콘센트를 새로 달 때 가장 먼저 한 말이 "어려운 작업이 아닙니다!"인 것 같은데요, 이번 작업도 먼저 이 점을 강조하고 싶네요. 저 제이쓴은 초보자, 그중에서도 한 번도 전동드릴이나 전기를 만져본 적 없지만 인테리어 욕구는 엄청난 10~30대 여성분들이 따라 할 수 있을 만큼 꼼꼼하게 설명하기 위해 노력했습니다. 처음부터 여기까지 책을 읽어오신 분들은 이번 작업도 무리 없이 소화하시리라 믿어 의심치 않습니다!

◀◀ **오랑우탄도 두 손이 있으면 할 수 있는 작업!**

우선 드라이버로 전원 플러그의 나사를 풀어줍니다. 그런데 왜 위험하게시리 빨간 장갑(절연장갑)을 안 끼었냐고요? 직접적으로 전류가 흐르는 것이 아니기 때문에 이번엔 맨손으로 작업하셔도 안전합니다. **A1-6**

사진에 빨간색으로 동그라미를 친 부분이 보이죠?**A5** 여기가 전원 연결 부분입니다. 미리 피복선을 벗겨둔 VCT 케이블을 연결 후 나사 부분을 반드시 꽉 조여줘야 합니다. 별것 아닌 것 같지만 느슨하게 조이면 나중에 구리선이 빠질 수도 있습니다. 그렇게 되면 큰일이 벌어질 수 있어요! 나사는 반드시 꽉 조여주시길!(자세한 내용은 86쪽을 참조하세요.)

빈티지 조명 만들기는 과정은 크게 2단계로 나뉩니다. 첫 번째가 연결 부분 완성, 두 번째가 전원과 연결된 소켓 완성. 끝으로 소켓에 전구 다는 것도 있는데, 그것까지 과정에 넣는 건 아무리 초보자라도 자존심이 상하는 일이잖아요! 그렇게 생각하면 벌써 절반의 작업이 끝!

이제 반대편 전구와 연결할 소켓을 살펴볼까요? 원리는 케이블을 전선과 연결하는 방법과 똑같습니다. **B1-5**

생각보다 굉장히 간단하죠? 이러한 빈티지 조명은 조명등을 놓기 애매한 공간에서 가치가 더욱 빛난답니다. 근데 이렇게 긴 전선은 어떻게 고정하느냐고요? 앞에서 설명을 드렸는데 스테이플러, 기억하세요? 스테이플러는 전선을 정리하거나 고정할 수 있는 유용한 자재입니다. **C1-2**

A1-6 드라이버로 나사를 돌려서 플러그를 열고 콘센트에 꽂는 부분도 따로 분리해주세요.(A3) 니퍼로 VCT케이블의 피복을 벗겨 A3에 연결하고, 플러그를 다시 나사로 조여주세요.

B1-5 전원과 연결된 소켓을 분리하고(B2), 니퍼로 케이블의 피복을 벗겨 소켓에 연결하면(B4) 조명등 완성!

C1-2 전선 정리와 조명등 고정은 스테이플러로!

빈티지 조명을 인테리어 액세서리로 활용하기

꼭 전구소켓을 하나만 이용하라는 법은 없습니다. 저처럼 나무를 메인 소품으로 삼았다면 전기소켓으로 조명뿐 아니라 인테리어 액세서리 효과를 줄 수도 있습니다.

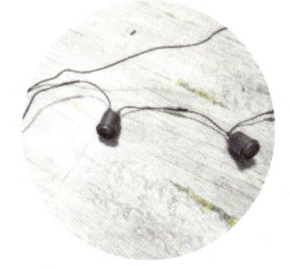

위 방식으로 전구 소켓 3개를 나란히 연결해주면 빈티지한 꼬마전구가 완성됩니다.

조명의 차이가 인테리어의 차이!

Before & After

만 원 한 장이면 커피 한 잔과 아늑한 불빛이!

나무 한가운데 조명을 달아놓으니까 위아래로 그림자가 생기면서 색다른 분위기가 나지 않나요? 조명등 만드는 데 8,500원이 들었네요. 저희 동네 작은 카페에서 아메리카노(테이크아웃)가 1,500원이니까 만 원만 있으면 아늑한 불빛 아래에서 커피 한 잔 할 수 있는 셈이에요! 자취방 인테리어는 아이디어 나름이라는 말씀! 제이쓴曰

싱기방기 자취 꿀팁
(일상생활02)

**촛농 없이
오래 타는
양초 만들기**

양초는 자취생활에서 여러 모로 유용합니다. 습기도 잡아주고, 냄새도 없애주지요. 하지만 양초를 태우다 보면 촛농이 흘러내려 밑기둥과 바닥이 지저분해집니다. 양초를 냉동고에 얼렸다가 사용해보세요. 촛농도 흘러내리지 않고 오래 탑니다.

**망치질
초보자도
달인이
되는 방법**

제가 알려드린 인테리어 방법에는 못질이 없는데요. 하지만 벽에 못질을 하지 않는다고 망치질을 전혀 안 하는 건 아닙니다. 의자나 테이블을 수리하다 보면 망치질을 해야 할 때가 있습니다. 망치질이란 게 생각보다 쉽지 않아요. 잘못하다가는 못이 휜 상태로 박혀서 보기에도 안 좋을 수 있습니다. 망치질에 자신이 없는 분은 못에 비누를 발라 보세요. 윤기 먹은 못이 깜짝 놀랄 정도로 잘 박힙니다.

**냉장고,
세탁기의
벗겨진
도장 복원**

어느 날, 냉장고 혹은 세탁기에 의도하지 않게 표면에 흠집을 냈다면 여러분은 어떡하시겠습니까? '살짝 긁힌 건데, 괜찮겠지 뭐' 하다가는 나중에 냉장고 혹은 세탁기 수리비에 턱과 목이 붙어버릴지도 모릅니다. 도장이 벗겨질 정도라면 심각한 상처입니다! 흠집이 생기면 금방 녹이 슬고, 녹은 주변으로 점점 번져가게 됩니다. 흠이 생긴 자리에 매니큐어를 칠해주세요. 도장이 벗겨지는 현상을 지연 혹은 방지할 수 있습니다.

뻑뻑한 자물쇠를 부드럽게 열 수 있는 방법

자물쇠를 사용하는 자취생들이 있는데요, 이번에는 그분들을 위한 팁입니다. 빡빡해서 잘 열리지 않는 자물쇠가 있으면 매번 열 때마다 짜증이 이만저만 삼만사만이죠? 그럴 땐 연필심을 갈아서 심 가루를 자물쇠 안에 넣고 열쇠로 몇 번 열었다 잠갔다를 반복해주세요. 몇 번만 하면 힘 안 들이고 아주 부드럽게 열립니다.

문손잡이에 광택 내기

디테일의 차이가 인테리어의 차이입니다. 아무리 방문에 금싸라기 페인트를 칠해줬다 해도, 문고리에 때가 박혀 있으면 아늑하고 편안해 보일까요? 절대 아니죠. 먹다 남은 맥주가 있으면 헝겊이나 걸레에 빨아주세요. 그리고 문고리를 박박 닦아주면 금싸라기 문고리가 짜잔!

조명기구 먼지 제거

형광등이나 스탠드 같은 조명기구는 사용하는 동안에는 온도가 높아서 먼지가 아주 쉽게 흡착됩니다. 한 번 눌러붙은 먼지는 쉽게 떠날 생각도 없이 착착 붙어 있고요. 조명기구를 휴지로 덮은 다음 그 위에 세제액을 분무기로 골고루 뿌려주세요. 15~20분 정도 기다렸다가 깨끗한 물걸레로 닦아주면 여러분 자취방의 조명등 밝기가 달라집니다.

딸꾹질 멈추기

한 번 시작하면 누구나 쉽게 멈출 수 없는 전 국민의 고민거리, 딸꾹질! 흔히 알고 있는 방법이 숨을 참거나 벌컥벌컥 물 마시기인데요, 해보신 분들은 아실 테지만 큰 효과는 기대하기 어렵습니다. 보기에는 좀 그렇지만 확실한 방법이 있습니다. 딸꾹질이 시작됐다면 혀를 입 밖으로 쭉 잡아당겨주세요. 한 30초 정도 민망하게 있으면 딸꾹질은 귀신같이 사라집니다.

**비 오는 날
축축한
현관을
보송보송하게**

현관은 자취방과 외부에 맞닿은 최전선이자 외부에서 귀가하는 여러분을 반겨주는 자취방의 최일선입니다. 그런데 비 오는 날, 몸까지 늘어지고 마음까지 축축한 마당에 현관까지 젖어 있으면 기분이 더욱 급다운됩니다. 현관에 벽돌을 서너 개 정도 놓아보세요. 벽돌 위에 젖은 신발과 우산을 놓아두면 습기가 제거됩니다. 벽돌이 습기를 흡수하는 기능이 있거든요. 비단 현관뿐 아니라 신발장에 벽돌을 놓아두어도 만족스러운 효과를 볼 수 있습니다.

**건전지,
'에너자이저'
버금가게
오래 쓰기**

건전지 다 썼다고 생각되세요? 망치나 드라이버로 건전지 옆면을 두드리고 다시 사용해보세요. 생각보다 오래 사용할 수 있습니다. 남아 있는 건전지의 생명력을 다 쓸 때까지 탈탈탈 털어 쓰는 듯한 느낌도 없지 않지만, 건전지란 원래 그렇게 쓰라고 만들어진 것! 오히려 끝까지 '맛있게' 쓰는 건 우리 인간이 할 일입니다!